UnRead

—

思想家

无论如何都想告诉你的世界史

人に話したくなる世界史

[日]玉木俊明——著
凌文桦——译

北京联合出版公司
Beijing United Publishing Co.,Ltd.

卷首语

文春新书的总编曾经对我说过这么一句话："你知道吗？所谓的历史呀，就是在居酒屋里一边喝酒一边讲给别人，让别人听了陷入沉思的事。"以这话为契机，我开始执笔写作此书。

本书的编辑前岛笃志先生给我发了一封邮件，邮件内写着："请您务必写一本这样的书。"这是 2017 年 10 月的事。

说实话，要写这么一本书，真不是什么简单的事，我觉得任重而道远。可另一方面，我也觉得，如果自己能够成功地写出这么一本让编辑、总编和读者都满意的书，那该是何等的荣幸与满足呀。因此我接受了这个提议。

历史原本就应该十分有趣。之所以会变得索然无味，不如说是历史学家的缘故。历史学家为了忠于历史事实，必须尽可能地还原最真实的历史。这才是作为历史学者的最佳道路。

对历史学家来说，对事实的探究，也就是所谓的实况调查，才是最重要的工作。这一点是毋庸置疑的。不过这究竟好不好呢？历史学家并不考虑历史发展的故事性，几乎不在意如何撰写更有趣的历史，因为他们只在意如何更有说服力。我觉得历史学家的这种态度，便是历史会变得如此枯燥乏味、令人提不起兴趣的原因之一。

真正的历史学家，应该对历史事实加以解释，我们可以认为，这是赋予事实以生命。叙述能使历史事实更加生动形象，历史学家把这种叙述称为历史叙述。所谓有趣的历史，就是因为有了优秀的历史叙述，才变得多姿多彩。

我清楚地意识到了这一点，因此写了本书。

本书由 12 个章节组成，从古代讲到了现代，从亚历山大大帝时代讲到了电信网络，横跨了很多个年代。本书还有关于海盗的叙述，恐怕这一部分与读者预想的有着极大出入，会备受期待。在关于保险的章节里，都是浅显易懂的知识，讲述了我们日常生活中的保险是如何发展而来的。在关于英国的巨额借款的章节里，我们多多少少能看到当时的英国与现代日本的相似之处。

意大利历史学家贝奈戴托·克罗齐说过："所有的历史都是现代史。"我们如今能看到的史料，实际上很多在相当长的时间内都没有变化了。历史学家如果仅仅收集已有的史料，而无法获得新的史料，那么不久之后就会失业。

历史学家如果不想失业，就必须对史料做出新的解释。随着时代变迁，历史学家可以从新的视角出发，对史料做出解释。这就是贝奈戴托·克罗齐所说的"所有的历史都是现代史"这句话的含义。话说回来，如果历史学是一门尚不完善的学问的话，就会不断出现新的问题，历史学也就成了一门研究如何解决这些问题的学问。历史学家可以说是以此为职业的人吧。

当今的历史学，与其说是国家的历史，不如说更侧重于人与人之间的联系和消息。也就是说，相比于"硬件"，有更重视"软件"的倾向。在本书里，我尽可能地使用这样的历史研究成果，为读者呈现不同以往的历史影像。

至于成功与否，当然不是我说了算，而是靠每一位读者来评判。无论哪一种作品，一旦离开作者之手，便有了独立的生命，留给读者评判。本书也不例外。

在某种意义上，对作者来说，作品就像自己的孩子。但不同的是，作品一旦离开了作者，就成了独立的个体，把创造它的父母抛在身后，而完全属于读者。作为作者，必须清楚地意识到这一点才行。

就像开头所写的那样，本书以“把历史生动有趣地讲给别人听”为目标写成。我希望每一位读者都能把本书的内容讲给身边的人听。

在此感谢给我机会撰写本书的文春新书总编，还有担任本书编辑的前岛先生。尤其是前岛先生，为了让本书生动有趣，他花费了很多心血。如果本书真的很有趣，那都是他的功劳。

唯有一点让我心有不安——我不喝酒，也不去居酒屋，因此，怎样在居酒屋里高谈阔论，只能凭空想象了。

2018 年 3 月 于大阪某咖啡网吧

目录

1

亚历山大大帝为什么没能跨过印度河

曾是“蛮族”的马其顿

众所周知，古希腊人自称“希伦人”，并且瞧不起其他民族，把他们都视为“蛮族”。养育了亚历山大大帝（前356—前323；前336—前323在位）的马其顿，并不属于希腊。因此那里的人不是希伦人，而被视为蛮族。马其顿不在希腊城邦的中心，不过是周边区域，为什么竟能把版图扩张到遥远的印度河呢?

纵观马其顿王国的扩张过程便会发现，马其顿与美索不达米亚、埃及、印度这些古代文明有着密切的联系。这三个古代文明，经过长时间的往来，形成了一个贸易圈。这个贸易圈便是贸易的通道，也可以说是解读亚历山大大帝远征的关键所在。这也是一个关于漫长的人类史的故事。

远征波斯是父子二人的夙愿

马其顿王国的兴盛始自亚历山大大帝之父腓力二世（前 359—前 336 在位）时期。在这个时期，以雅典、斯巴达、底比斯等为代表的古希腊城邦迎来了穷途末路。腓力二世在喀罗尼亚战役（前 338）中大胜雅典 - 底比斯联军，奠定了其在希腊世界的支配者地位。

马其顿无论是地理位置，还是统治体系，都与其他希腊城邦不同。马其顿人原本生活在希腊北部山岳地带，后来在平原地带拓展疆土，在平原地带和山岳地带之间，随着季节的变化过着游牧生活。后人在公元前 6 世纪后半期的富人墓穴中发现了大量黄金制品，由此可以推断，那时的马其顿已经是极为繁荣富足的城邦了。

众所周知，古希腊并未形成大型的统一国家，而是形成了数量过千的诸多城邦。而且，各个城邦又以自己为据点，在地中海地区建立了殖民城邦。可以说，城邦的统治体系便是控制诸多的“点”。

与之相反，腓力二世的马其顿王国，采用了与这些城邦完全不同的统治体系。马其顿王国用“面”来控制领土。腓力二世在征服的地区大肆开垦农田，以粮养兵，并且大规模地组织常备军，从而进一步扩大领土。马其顿王国就是以这种“领域国家”的方式来进行统治的。

然而，在腓力二世面前有一个最大的“敌人”，那就是阿契美尼德王朝时期的波斯。

在历史教科书中，写着“在公元前5世纪的希波战争中，以雅典为中心的希腊最终战胜了波斯”。但这并不能完全确定。《卡里阿斯和约》（前449）中记载了最终希腊一方获胜，但是该和约是否真的存在，目前尚有争议。

更重要的是如何给希波战争定性。阿契美尼德王朝时期的波斯是统一古代东方世界的大帝国，其经济实力远比当时的希腊更强大。

对希腊一方来说，与强大的波斯帝国的战争，完全是生死之战。可对波斯帝国来说，这场战争不过是在西方的一场小小的竞赛而已。波斯帝国极有可能压根儿没有意识到这是一场大战。事实上，无论希波战争的结果如何，都不会削弱波斯帝国的实力。这种情况，用元日战争打个比

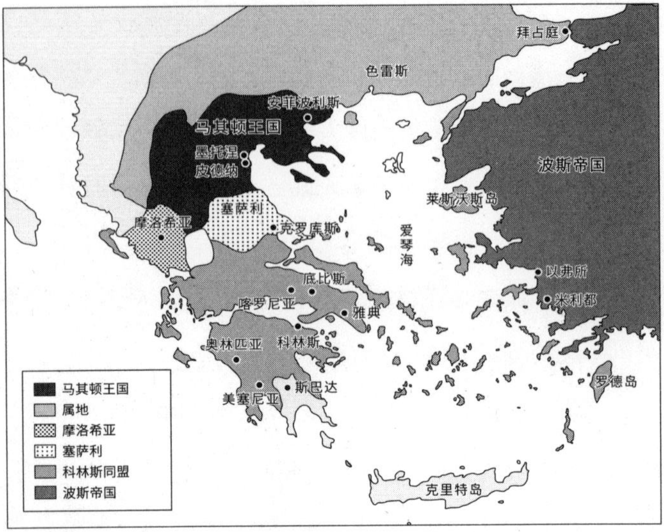

示意图 1　腓力二世被暗杀后的希腊

方，或许大家更容易理解吧。对日本来说，与元朝这样的庞大帝国作战，完全是赌上了整个国家命运的战争，然而对元朝那样一个身经百战的庞大帝国来说，这不过是诸多战争中的一次小战役罢了。

进一步说，希波战争之后，波斯为希腊城邦提供了军费等，并且对其中较为强大的城邦进行策反，促使它们反叛。最终结果是，在希腊，城邦之间战争不断。总之，波斯帝国的介入，是希腊世界衰退的一个重要原因。

为了解决这个问题，腓力二世决心讨伐波斯帝国。

为了能够早日成为腓力二世的合格继承者，亚历山大学习了很多知识，哲学家亚里士多德（前384—前322）就是他的家庭教师。公元前336年，腓力二世被暗杀，作为儿子的亚历山大在二十岁时成了马其顿国王。

这样看来，亚历山大大帝远征波斯，也有实现其父腓力二世的愿望的因素。然而亚历山大大帝的征战范围远比其父所想的更宏大，庞大的帝国在他的手中逐渐形成。他究竟是如何做到的呢？我们可以认为，这与东方兴起的古代文明有着密切的联系。

美索不达米亚与印度之间的交易

我们目前认为，人类约700万年前出现在非洲，然后离开非洲，走向世界的各个角落。我们还知道，智人有过两次“离开非洲”的行动，一次在约15万年至10万年前，另一次在约7万年至5万年前。这是人类历史上最早的大规模迁徙。

离开非洲后，人类逐渐从居无定所的狩猎采集生活，转变为定居的农耕生活。一般认为，人类最早开始农耕生活的地方，就在美索不达米亚。

美索不达米亚文明始于公元前 3500 年左右，形成了乌尔、乌鲁克、拉格什等城邦，还建造了被称为“庙塔”的阶梯状金字塔。底格里斯河和幼发拉底河之间的区域是一片冲积平原，积雪融化带来了定期的水位上涨，人们通过修建运河，获得了富足的农业产出。在美索不达米亚地区，王权十分强大，水利灌溉也很发达。

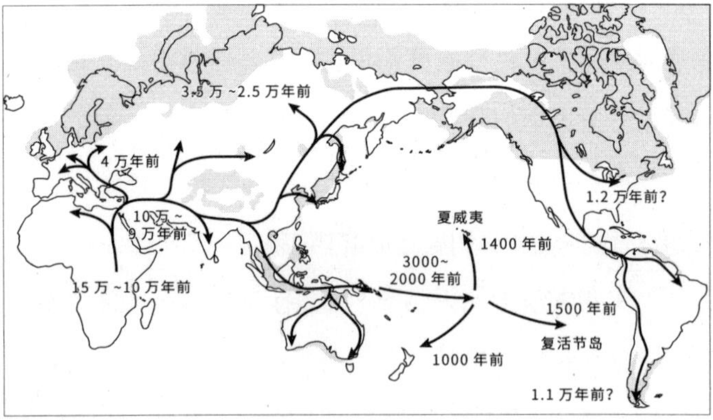

示意图 2　人类离开非洲的路线图

在美索不达米亚地区出土了数十万枚泥板文书，根据上面的记载，在美索不达米亚地区，小麦的收获量是播种量的数十倍之多。也就是说，一粒小麦播种下去，可以收获数十倍的产量，和日本相比的话，可以与江户时代的大米收获率相媲美，甚至更多。这样的收获量令人难以置信，农业确实孕育了繁荣的文明。

除此之外，人们还在印度的印度河流域发现了哈拉帕、摩亨佐达罗等古代城市的遗迹。印度河文明在约公元前 2600 年出现，而农耕活动在约公元前 7000 年就开始了。

通过现代的研究，我们可以知道美索不达米亚文明和印度河文明之间存在贸易往来。例如，在美索不达米亚的遗迹中发现了由古代印度河地区制造的被称为“青金石”的宝石，还发现了印度河文明式样的印章。

这两个文明通过海上通道和陆上通道相互联结。在美索不达米亚发现的约公元前 2350 年的碑文中有这样一段内容：“梅鲁哈的船停靠在码头上了。”这里所说的“梅鲁哈”，指的就是印度河地区。此外，在印度还发现了洛塔尔等多处与阿拉伯海有联系的遗迹，这些地方可能就是当时的海上贸易枢纽。美索不达米亚文明和印度河文明，完全是两个不同的文明，但如果充分利用波斯湾和阿拉伯海，这两者之间有贸易往来是完全可能的。

法老面具上光彩夺目的青金石

图坦卡蒙法老的黄金面具
（来源：Brdgeman Images/Afro）

在诸多古代文明中，最广为人知的应该是古埃及文明吧。古埃及的图坦卡蒙法老，是大概公元前 1333 年至前 1324 年的法老，以他的黄金面具和位于“帝王谷”的墓穴而闻名于世。在图坦卡蒙法老的黄金面具上，蓝色部分镶嵌的是青金石。在古埃及，人们把青金石视为天空之石、冥神奥西里斯之石，但实际上那里并不盛产青金石。那么，这些青金石究竟从何而来呢？毫无疑问，应该是从印度河地区进口而来。也就是说，不仅是美索不达米亚，就连古埃及也和印度河文明有贸易往来。人类即便有了固定住所，开始了农耕生活，也未必就会停止向其他地区行进的步伐。

我们可以把古埃及以东的古代文明世界统称为“古代东方世界”，人类的足迹一直拓展到了印度河流域，通过海上和陆上两种通道，形成了交流与贸易往来。而亚历山大大帝要征服的，便是这古代东方世界。从图坦卡蒙法老死去，到亚历山大大帝出现，经过了约1000年，在此期间，古代东方世界之间的交流变得越发密切。后来，因为出现了统一的帝国，这一地区变得更加强大了。

“铁之帝国”亚述统治了东方

古埃及王朝的兴起大约是在公元前3000年的时候。我们可以把古埃及王朝大致分为三个时期：古王朝时期（大约在公元前2686—前2185）、中王朝时期（大约在公元前2040—前1700）和新王朝时期（大约在公元前1570—前1070）。后来，古埃及国势渐衰，在公元前30年，托勒密王朝被古罗马军队打败。古埃及王朝持续了3000年之久。

古埃及（新王朝时期）的衰弱，给东方世界带来了巨大的混乱。而统一了东方世界的正是亚述帝国。

所谓的亚述，指的是现在的伊拉克北部地区。亚述人在那里建立了城邦，独占了伊朗高原的锡矿交易，靠着贸易往来，逐渐繁荣昌盛。不过，在公元前15世纪左右，亚述人隶属于胡里安人的米坦尼王国，这个王国位于美索不达米亚北部。

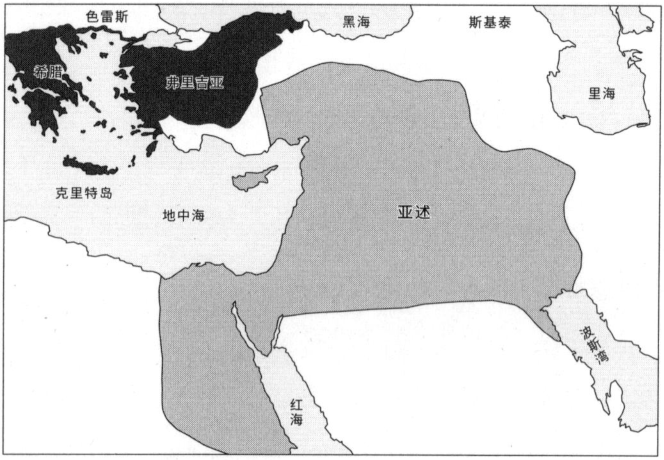

示意图3　亚述的最大版图

亚述人凭借铁器的力量，在东方世界兴起。他们继承了来自赫梯的铁器制造技术，进而控制了铁矿石产地亚美尼亚，渐渐成了一个强大凶悍的王国。亚述人在公元前

9 世纪有了铁质战车和骑兵队，在公元前 8 世纪末，逐渐吞并了叙利亚、腓尼基、巴比伦，使以色列王国灭亡。后来，他们在公元前 663 年征服了古埃及，史上首次统一了从美索不达米亚到古埃及的东方世界。

由此，美索不达米亚文明和古埃及文明得到了统一。由于这两个文明本来就在相邻区域，以贸易为首的各种交流十分活跃，政治上的统一也由此得以实现。

阿契美尼德王朝时期波斯的“王之道”

上面所说的亚述帝国，在公元前 612 年，遭到了新巴比伦王国（位于美索不达米亚南部）和米底亚王国（位于伊朗高原西北部）的联合攻击，最终灭亡。就这样，东方世界分裂成了新巴比伦、米底亚、古埃及和小亚细亚的吕底亚。而将它们再次统一起来的，就是阿契美尼德王朝时期的波斯。

米底亚隶属于阿契美尼德家族。公元前 550 年，居鲁士二世创建了阿契美尼德王朝。他还毁灭了新巴比伦，解放了沦为“巴比伦囚虏”的犹太人。后来，在大流士一世（前 522—前 486 在位）时期，波斯的统治区域从古埃及一

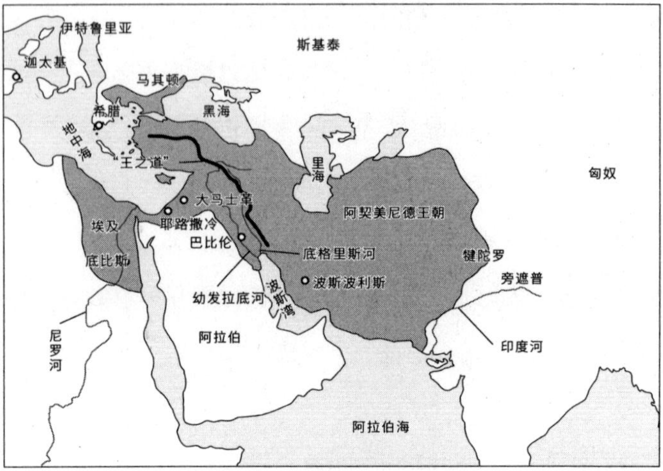

示意图 4　阿契美尼德王朝时期波斯的领土

直扩展到了印度河流域。

阿契美尼德王朝时期的波斯在帝国内建成了道路网，这被称为“王之道”。后人推测，这个道路网应该是以从古埃及到美索不达米亚、再到印度河地区的东方通商之路为基础建成的。这样的推测较为妥当。

这条通商之路应该也是亚历山大大帝的远征之路。本来仅仅属于少数商人的通商之路，却成了亚历山大大帝统率的大规模军队的通行之路。

亚历山大大帝留下的遗产

这样看来，亚历山大大帝的远征，虽然是他本人完成的事业，但发展到这一步需要前期的漫长积累。

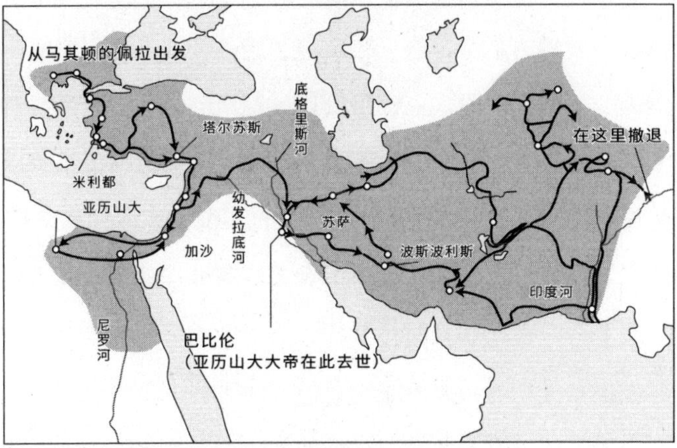

示意图 5　亚历山大大帝的远征路线

马其顿属于希腊世界中的例外，有着向外扩张的愿望，因此，马其顿在城邦衰退时期逐渐兴起，成为希腊世界的统治者。后来，马其顿又向宿敌波斯挑战，并最终取得了胜利。

很重要的一点是，亚历山大大帝能够快速进攻，得益于阿契美尼德王朝时期的波斯以通往印度河地区的东方通商之路为基础而修建的道路网。我们还可以看到，马其顿军队一直行进到了印度河，但是放弃了继续向东远征，大概是发生了什么让他们不得不回头的事情吧（见示意图5）。战争持续了10年，军队疲惫不堪，我想大部分士兵也都不希望再战斗下去，甚至有了厌战情绪。但最本质的原因，如前面所说，应该是抵达印度河流域的东方世界贸易圈之后，通向前方的道路尚未建成。即使从印度自身的历史来看，能统一印度地区的王朝也不多。

以前有观点认为，亚历山大大帝东征推动了东西方文化的融合，催生了希腊化时代。的确，亚历山大大帝的扩张促进了人口、物资的流动，但"优秀的古希腊文明对东方世界产生了很大影响"这样的观念现在已被否定。在亚历山大大帝之前，东西方之间的文化、经济交流就已经存在，甚至可以说，正是这样的交流让亚历山大大帝的伟业成为可能。而且，东西方的关系并非"先进的古希腊影响了落后的东方"（事实上，当时东方的物产比古希腊更丰富），而是互通有无的平等交易关系。

公元前323年，亚历山大大帝辞世。此后，他的帝国分裂为埃及的托勒密王朝、叙利亚的塞琉西王朝和马其顿的安提哥那王朝。即使亚历山大大帝没有英年早逝，他恐怕也不可能长期统治这样广阔的领土。在很久以后，阿拔斯王朝（750—1258）才实现了中亚地区的统一。

2

维京海盗曾经如何进行交易

是掠夺，还是交易

请看示意图 1。在 8 世纪到 12 世纪的欧洲海域，以北欧斯堪的纳维亚半岛为根据地的维京人来势汹汹。在各种各样的小说和电影中，维京人留给我们的印象是不断掠夺的海盗。

根据记载，维京人确实在各地有掠夺行为。然而事实不止如此。维京人与西欧乃至拜占庭帝国和伊斯兰世界的商人进行交易，作为大航海者，在新大陆留下足迹，他们是将世界连接起来的商人。

在历史上，本来就很难明确地区分掠夺和交易。对于某种商品，卖家和买家所考虑的价格经常有分歧。在过去，即使卖家和买家拥有同样的权利，让双方都满意的情况也几乎没有。如果买方处于强势地位（如拥有武装、拥有政治权力等），以比卖家预想的更低的价格半强迫性地买取，这既可以说是商业行为，也可以说是掠夺行为。

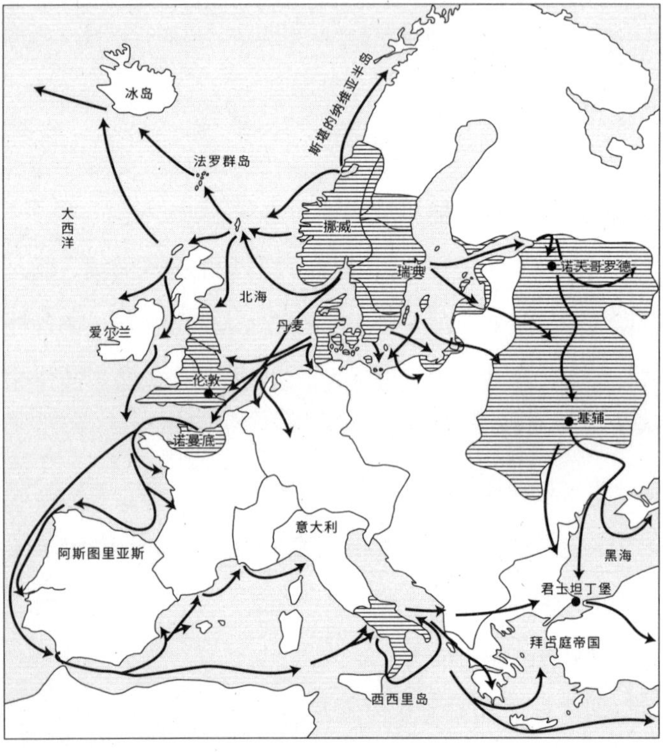

示意图1　维京人的主要航线和居住地

在13世纪的冰岛著成的《埃吉尔萨迦》，讲述了维京人、冰岛农场主埃吉尔·斯卡德拉格里姆松（他的祖父是挪威的农夫）的一生，其中对维京人的描述是“有时候是交易者，有时候是侵略者”。

如今，我们有很多关于维京人的史料，还有他们侵略西欧诸国的记录。这些都是受害者一方的记录，这样看来，“维京人等于侵略者”的说法似乎也合乎情理。

然而，近年来，随着考古研究的推进，人们通过对维京人遗迹的发掘，对他们的印象改变了不少。例如，在英国的约克、爱尔兰的都柏林、法国的勒昂等地，都发现了维京人的聚落。此外，在瑞典比约克岛（位于斯德哥尔摩以西约29千米处）上的比尔卡、原属丹麦的日德兰半岛上的赫德比等地，也都找到了他们的遗迹。这些地方都可以被视为维京人的贸易据点。

因此，在本章，我想试着不把维京人当成侵略者，而把他们当成商人来看。

称霸欧洲大陆的可能性有多大

当我审视维京人的活动区域时，这个区域的庞大令我震惊。

最有名的是从丹麦攻入英国的维京人。丹麦人定居的英格兰东部地区被称为丹麦法区。丹麦与挪威国王斯温一世进攻英格兰，在1013年成了英格兰国王。斯温一世之后，克努特一世建立了庞大的北海帝国。

维京长船
（奥斯陆的维京海盗船博物馆）

维京人也被称为诺曼人。在10世纪，诺曼人罗洛率军入侵了法国西北地区。他们征服的地区就是诺曼底，罗洛的族人中的一支成了诺曼底公爵。到了1066年，威廉二世攻入了英格兰，成了英国国王——这就是“诺曼征服”。接着，诺曼人从诺曼底发展到地中海，占领了西西里岛，在1130年建立了西西里王国。

丹麦的维京人向西行进，与之相反，瑞典的维京人向东发展，9世纪下半叶在俄罗斯建立了诺夫哥罗德公国。

与此同时，维京人还在挪威到冰岛一带建立了殖民地。他们深入格陵兰岛，在1000年左右，格陵兰岛的维京人莱夫·埃里克松抵达了北美大陆，建立了名为“文兰”的殖民地。在20世纪60年代，人们在加拿大纽芬兰岛的遗迹中发现了维京人的纺车，从考古学上确认了维京人的移民。哥伦布到达西印度群岛是在1492年，维京人比他早了大概500年。

这样看来，维京人当时很有可能在欧洲称霸。然而，实际上并非如此。他们没有形成征服和统治的体系，也没有在抵达的地区建立起统一国家。

这就是他们作为商人存在的意义。作为商人，他们以从商业买卖（偶尔是掠夺）中获得利益为主要目的，对地区的统治实在是没兴趣。即使在新大陆，他们也没有定居。因为他们撤退了，所以我们现在也没有将他们视为“新大陆的发现者”。

维京长船让维京人的航海成为可能。维京长船又窄又长，特点是吃水很浅。维京长船上不仅有桨，随着时间的推移还有了帆。这种维京长船性能出众，可供 100 名以上船员乘坐。而且，这种船的强度很好，可以远距离航海。

推翻“地中海中心史观”

在这些进行商业活动的维京人中，最引人注目的是向东行进的一支。请看本章的示意图 1，他们到达了黑海和里海，甚至到达了拜占庭帝国的首都君士坦丁堡。他们还从近东、中东和中亚，经过伏尔加河，向东欧和北欧输出银币。而且，他们与亚洲的萨曼王朝（9 世纪至 10 世纪，拥有布哈拉、撒马尔罕等城市，支配着中亚）和阿拔斯王朝积极地进行贸易。

在此之前，在中世纪的欧洲，经济活动主要集中在地中海地区。这就是所谓的“地中海中心史观”。历史学家亨利·皮雷纳（1862—1935）对此颇有研究，他以《欧洲世界的诞生——穆罕默德与查理曼大帝》等著作广为人知。我想在此简单地介绍他的学说，从而看看欧洲与伊斯兰世界之间的关系。

根据皮雷纳的观点，自罗马帝国以来，欧洲的中心就是地中海。在467年西罗马帝国灭亡后，所谓的古代地中海世界统一体仍然存在，直到7世纪，由穆罕默德创造的伊斯兰世界才打破了它。

西罗马帝国衰亡以后，控制欧洲的是法兰克王国。法兰克王国经历了墨洛温王朝（481—751）和加洛林王朝（751—987）。皮雷纳的观点是，墨洛温王朝延续了自古罗马时代起以地中海为中心的商业活动，但进入加洛林王朝后，这种局面就终结了，欧洲世界的中心逐渐向内陆地区转移。皮雷纳还认为，加洛林王朝的国王查理曼大帝（768—814在位）是因为穆罕默德向地中海地区入侵才得到了王位，正所谓“没有穆罕默德就没有查理曼大帝”。

8世纪的帷幕揭开之时，地中海上的东西方之间的海运已经完全成了过去。除拜占庭沿岸之外，在地中海地区已经谈不上还有“交通”了。曾经是西方世界与黎凡特地区（位于地中海东部，包含现在的叙利亚、黎巴嫩、以色列等地区）进行贸易的首要根据地的马赛港也变得很萧条。此时，地中海的经济统一体已经支离破碎，要恢复得等到十字军的时代了。地中海地区的经济抵御了日耳曼民族的入侵，但在伊斯兰的高压面前，也难以招架，最终崩

溃。（亨利·皮雷纳，《欧洲世界的诞生——穆罕默德与查理曼大帝》）

皮雷纳还认为，随着伊斯兰势力进入地中海地区，衰败的欧洲商业在 11 世纪至 12 世纪复活了。

比如，意大利北部的威尼斯、热那亚等地的商人与黎凡特地区进行贸易，把香料等带入欧洲。后来，意大利商人以佛兰德斯地区（包含现在的荷兰南部、比利时西部、法国北部等地区）为中心，与北欧诸国进行贸易。意大利和北欧之间的内陆交通很发达，法国东北部的香槟地区形成了市场，其他内陆城市也发展起来了。也就是说，意大利商人让地中海地区的贸易恢复了活力，激活了欧洲经济，由此形成了连接地中海和内陆的交通网——这便是所谓的"商业复活"。

欧洲通过威尼斯和佛兰德斯这两个地方，与东方世界保持接触。始于这两个地方的商业活动，就像一种有益的流行病，扩散到了整个大陆。随着商业活动向内陆地区扩散，北下与南上的两个贸易网终于相遇了，相遇的地点就在从布鲁日到威尼斯的中间点——香槟平原。（亨利·皮雷纳，《中世纪的城市——社会经济史试论》）

皮雷纳的这一学说具有很大的影响力。然而，这种观点并没有考虑到维京人的存在，而且对于不同宗教和宗派的人们如何形成了“跨文化贸易”的问题，也缺少探讨。

换一个角度，从维京人和伊斯兰世界的视角来看的话，不仅是地中海，北海、波罗的海，甚至黑海、加勒比海都连接起来了，我们可以看到更具活力的商业活动。

我认为，在中世纪，在西欧的经济贸易中扮演重要角色的是伊斯兰世界。那时的欧洲，不过是伊斯兰世界经济网络的一部分，这样说才更准确。

贸易的中心是阿拔斯王朝

在伊斯兰世界和欧洲世界的巨大商业网络中扮演中心角色的，是阿拔斯王朝——这是一个在鼎盛时期从伊比利亚半岛延伸到中亚的大帝国。

阿拔斯王朝建立于750年，为伊斯兰世界带来了巨大转变，这被称为“阿拔斯革命”。在阿拔斯王朝之前，阿拉伯人以外的人会被强制征收名为“吉兹亚”的人头税，与阿拉伯人之间存在巨大的阶层差异，尽管他们也是伊斯兰教徒。阿拔斯王朝彻底消除了这种阶层差异，让所有的伊斯兰教徒都平等。这完成了从阿拉伯人的帝国到伊斯兰教徒的帝国的巨大转变。

阿拔斯王朝在塔拉斯河畔的战斗中，击败了中国唐朝的军队，后来，又建成了横穿欧亚大陆、远至非洲的贸易路线。762年，阿拔斯王朝的首都巴格达成了远距离贸易的枢纽。

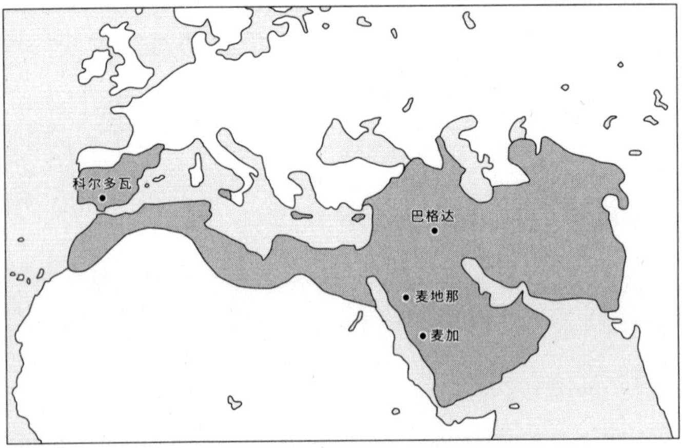

示意图 2　阿拔斯王朝的最大版图

在这张巨大的贸易网中，维京人扮演了将欧洲与伊斯兰世界连接起来的重要角色。

维京人沿着那些连接波罗的海、黑海和里海的河流，向东方移动。他们从北方运来商品，在伏尔加河沿岸贩卖，这些商品主要是皮毛和被称为“萨卡里巴”的斯拉夫奴隶。相对应地，来自近东、中东和中亚的香料、丝绸、武器和银币，流向了波罗的海、北海沿岸。据说，查理曼大帝进行货币制度改革的时候，使用的银子正是从伊斯兰世界越过波罗的海得来的。

在中世纪，奴隶也是伊斯兰世界与欧洲之间进行交易的商品。比如，在伊斯兰势力的控制下，法国凡尔登与西班牙进行奴隶贸易，意大利商人也在黑海地区买卖奴隶。

最重要的是，皮雷纳并不认为“由于穆斯林商人的崛起，（基督教世界的）意大利商人在地中海地区被排除在外了”。商业活动的有趣之处，就在于它打破了宗教和民族之间的壁垒。穆斯林商人积极地与不信伊斯兰教的维京人进行贸易，换句话说，他们形成了“跨文化贸易”。

在现在的研究中，人们不再认为是伊斯兰使西欧与拜占庭相隔绝，形成了封闭社会。实际上，地中海从未完全成为伊斯兰的海洋，在欧洲沿海地区，欧洲人的交易仍在进行。欧洲商人身处以阿拔斯王朝为中心的庞大贸易网络的西部边缘，也就是说，欧洲是伊斯兰贸易网络的一部分。

汉萨同盟是维京人的继承者

不过，还是应该指出，作为商人的维京人具有某种局限性。欧洲东部的河流并不都在维京人的控制下，维京人终归只是这个庞大贸易网络中的商人中的一支。

此外，维京人的贸易据点都规模很小。前文提过的比尔卡和赫德比只有几百人到几千人。正如一位阿拉伯旅行者所说，与中东的大城市（据说，阿拔斯王朝的首都巴格达在鼎盛时期的人口有 150 万）相比，这样的贸易据点不过是小小的定居点，原始又缺乏便利性。这种贸易据点的特点是，由于规模很小，在衰退的时候会急速衰退。

尽管如此，由维京人开辟的北海和波罗的海的贸易网络，后来影响了汉萨同盟。“汉萨”的意思是“团体”，也就是商人联盟。汉萨同盟是以德国的吕贝克为中心的城市共同体，从 12 世纪下半叶到 15 世纪，掌控了欧洲北部的贸易。如果没有维京人的贸易路线，汉萨同盟就不会繁荣。在汉萨同盟之后，远航到亚洲海域的荷兰商人登场了。我认为，在世界史上，维京人所扮演的角色应该得到更多的关注。

3

非洲的黄金开启了大航海时代吗

“大航海时代”是日本特有的说法

克里斯托弗·哥伦布发现了美洲大陆（1492），瓦斯科·达·伽马开拓了印度航线（1498），麦哲伦舰队环球航行（1522）……通常认为，从15世纪中叶到17世纪中叶的“大航海时代”，是欧洲支配世界的开始。

那么，这个“大航海”是如何开始的呢？它又给欧洲带来了什么？

让人有点意外的是，“大航海时代”是日本特有的说法。在英语中对应的说法似乎应该是“Age of Great Navigation”，但英语中并没有这样的说法。这是因为，“大航海时代”这个词是日本的拉丁美洲史先驱增田义郎先生最先使用的。实际上，英语中的说法是“The Age of Great Discoveries”（大发现时代）。我们必须记住，美洲大陆也好，印度航线也罢，对当时的欧洲人来说都是“发现”。

进一步说，要确定大航海时代从什么时候开始，到什么时候结束，是很困难的事。一般来说，是以 1415 年葡萄牙在非洲西北端的休达建立殖民地为开始，以 1648 年俄罗斯人到达欧亚大陆的最东端为结束。但这就产生了疑问：这样一来，横穿了太平洋、发现了夏威夷的詹姆斯·库克（1728—1779）不就和大航海时代无关了吗？在此，我想根据欧洲人到达不同海域的时间，不那么绝对地进行定义。

让我们回到最初的问题。“大航海”是如何开始的呢？本来想去印度却到达了新大陆的哥伦布，开拓了印度航线的瓦斯科·达·伽马，都给我们留下了很深的印象。不过，我们也有“欧洲人瞄准印度，寻求亚洲的香料，从而开始了大航海”这样的印象。

然而，这并不是事实。葡萄牙的航海者确实绕过了好望角，到达了印度，但是，在葡萄牙刚开始“大航海”时，好望角还没有被发现。

也就是说，葡萄牙人最开始想去的并不是亚洲，而是非洲——这样就说得通了。我认为，欧洲人瞄准的，并不是亚洲的香料，而是非洲的黄金。

撒哈拉沙漠和汉尼拔大象军团

当时的欧洲人需要非洲的黄金。在 14 世纪，欧洲的黄金产量虽然有所上升，但需求量上升得更为剧烈。欧洲人想获得西苏丹的黄金，可是，控制着黄金运输路线的是非洲本地的穆斯林商人。

非洲的黄金交易可追溯至 7 世纪。那时候，西非的加纳王国（7 世纪—11 世纪下半叶）成立了。让这个王国繁荣起来的正是横穿撒哈拉沙漠的穆斯林商人。穆斯林商人从撒哈拉沙漠的盐层中开采出了岩盐，带入加纳王国，用盐交换黄金，再横穿撒哈拉沙漠，将黄金运回伊斯兰世界。

有意思的是，加纳王国本身并不是黄金的产地。黄金最初产自塞内加尔河上游的班布克地区，不久后，开采点转移到了尼日尔河上游的布雷地区，以及东边的沃尔特河流域的森林地带。加纳王国本身没有金矿，但垄断了与挖掘金矿的部落的交易，成了黄金流通的据点，日益繁荣。后来，加纳王国为了增强商业实力，实行了中央集权。8世纪至9世纪，尼日尔河沿岸城市加奥（后来成了桑海帝国的首都，现属马里共和国）也作为商业据点兴起。在当时，加奥是阿拉伯世界所知的尼日尔河流域的唯一据点。

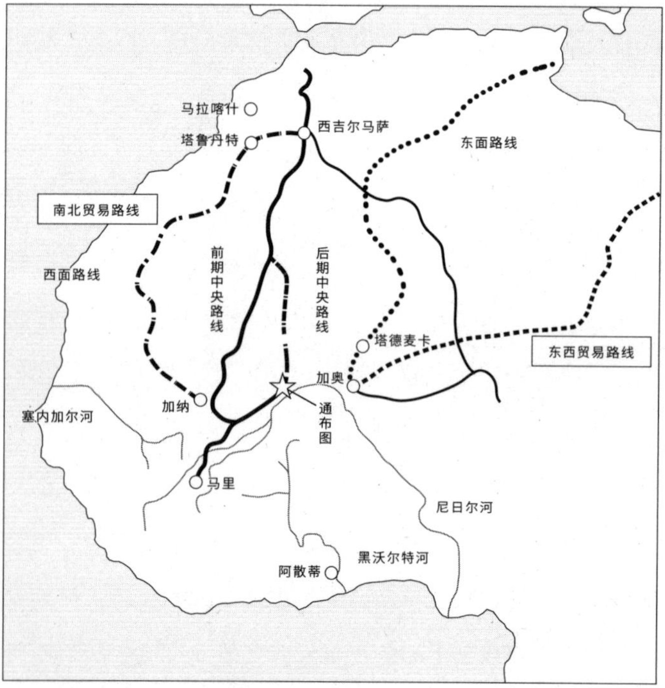

示意图 1　撒哈拉沙漠的贸易路线

然而，像这样横穿撒哈拉沙漠进行交易，距离实在太远了。随着撒哈拉地区的沙漠化日益严重，交易变得越来越困难，并逐渐衰退。

说到沙漠化，不妨再多说一点。据说，在第二次布匿战争（前 218—前 201）中，让罗马人尝到苦头的迦太基名将汉尼拔，在越过阿尔卑斯山、从高卢攻入意大利时，牵了几十头战象。这些大象是从哪儿来的呢？是印度象，还是非洲象？

我们姑且不谈印度象，来看看非洲象能否用于这场战争。使用非洲象的可能性更大，因为在当时，迦太基是个以突尼斯为根据地，从地中海沿岸延伸到伊比利亚半岛的国家，还没有受到沙漠化的侵袭，迦太基周边正是非洲象的栖息地。那时的非洲象与现在的象相比体形更小，也不凶猛，如今已经随着沙漠化日益严重而灭绝了。我们常常认为，撒哈拉沙漠在过去和现在都环境险恶，这种想法是错误的。撒哈拉地区也曾有茂盛的草原，还有供商人往返的贸易路线。

马里帝国的黄金传说

横穿撒哈拉地区的贸易路线衰退后，在 10 世纪中叶，形成了新的贸易路线。这就是南北纵穿撒哈拉地区的贸易路线，控制这条路线的依然是穆斯林商人。

通过北非的穆拉比特王朝（1056—1147）和摩洛哥的穆瓦希德王朝（1133—1269），伊斯兰教被传入了西非。

在黄金产地西苏丹地区，加纳王国瓦解后，过了大概一个世纪，马里帝国（约1230—1473）成立了。马里帝国也在不断地伊斯兰化。马里帝国深知商业的重要性，制定了促进商业的政策，形成了安全且透明的贸易体系，进行贸易的主要商品是岩盐和黄金。

马里帝国的首都廷巴克图，后来成了撒哈拉沙漠中的通商据点，因繁荣而被欧洲人称为“黄金乡”。在撒哈拉沙漠南部的几内亚山区开采的黄金，由单峰骆驼驮着，经过廷巴克图，纵穿撒哈拉沙漠。

在非洲、中亚、拜占庭、印度和中国等地旅行的探险家伊本·白图泰（1304—1368），就曾从廷巴克图坐船到达加奥。这两个城市由尼日尔河相连。

在关于繁荣的马里帝国的诸多传说中，最有名的应该是“世界历史上最富有的国王”曼萨穆萨（1312—1337在位）的黄金传说。曼萨穆萨是伊斯兰教徒，相传，他在

1324 年去麦加朝圣的途中，挥霍了太多的黄金，导致开罗的黄金市价暴跌，还造成了严重的通货膨胀。据说，他的资产约合现在的 4000 亿美元。

接下来，让我们将目光移到欧洲。前面提过，在 14 世纪，欧洲的黄金需求量急剧增长。然而，欧洲人从西非获取黄金有一个巨大的阻碍，那就是穆斯林商人。

控制着纵穿撒哈拉沙漠的贸易路线的是已经伊斯兰化的柏柏尔人。此外，以埃及为中心的马穆鲁克王朝（1250—1517）也有很强的势力。欧洲人无法加入纵穿撒哈拉的贸易，因此不得不向伊斯兰势力购买黄金。在商业贸易中，控制了交通基础设施的一方肯定会占主导地位。因此，对欧洲来说，通过纵穿撒哈拉的贸易路线来购买黄金，是一场艰难的交易。

晕船的航海家——亨利王子

如何不经过伊斯兰世界将黄金从西非输入欧洲，这对欧洲人来说是一个挑战。葡萄牙的航海家亨利王子（1394—1460）解决了这个难题。不过，与“航海王子”之名相反，亨利王子自己并不乘船出海，因为他晕船非常厉害。他作为资助人，对航海、探险事业进行援助。

由亨利王子派遣的航海者，在1419年发现了马德拉群岛，在1427年发现了亚速尔群岛。大西洋上的小岛都成了葡萄牙的领地。不过，这个时期可能还不能称为“大航海”。

如果“大航海”的最初目的就是直接从西非输入黄金的话，那么“大航海”的开端就应该是1444年了。这一年，葡萄牙人到达了佛得角群岛，第二年到达了佛得角海岬。他们通过海上路线，到达了撒哈拉沙漠的南端，能直接参与西非的黄金贸易。1452年，葡萄牙的第一枚金币被铸造了出来。后来，葡萄牙人在1480年造访了马里帝国首都廷巴克图，也说明曾经亨利王子的目的便是与西非进行贸易。

让穆斯林商人带路的瓦斯科·达·伽马

非洲沿岸的海上路线其实不是由葡萄牙人首次开辟的。

根据古希腊历史学家希罗多德的记述，在埃及法老尼科二世（前609—前593在位）的命令下，腓尼基人从红海绕过好望角，用三年的时间绕非洲航行了一圈。此外，被称为迦太基之王的航海家汉诺，据说也航行到了非洲的西海岸。

腓尼基人对这条海上路线的开拓起到了很重要的作用。一般来说，腓尼基人是在爱琴海文明中的克里特文明（大约前 2000—前 1400）和迈锡尼文明（大约前 1600—前 1200）衰退后，通过地中海贸易繁荣起来的。他们生活在东地中海的南岸，那里适合耕作的土地很少，他们除了海上贸易别无选择。因此，他们在地中海地区建立殖民城市，从公元前 12 世纪开始，几乎垄断了地中海地区的货物流通。前面提到的迦太基，就是腓尼基人在公元前 9 世纪上半叶建立的殖民城市。

腓尼基人的海上路线网络，涵盖了地中海全域、红海、非洲西海岸，甚至越过直布罗陀海峡，到达了北海。到了 15 世纪，欧洲人的海上路线才总算接近了当时腓尼基人的规模。

让我们再回到 15 世纪的欧洲。欧洲人的最初目的是通过海上路线从几内亚进口黄金，所以他们沿非洲西海岸南下。结果，他们在不知不觉中到达了遥远的未知地区——这便可以说是大航海时代的开始了。

随后，1488 年，巴尔托洛梅乌 · 迪亚士到达了好望角。这次航行让人们知道，通过海路可以绕过非洲大陆的南端去亚洲。1498 年，瓦斯科 · 达 · 伽马到达了印度的科泽科德。眨眼之间，葡萄牙便在印度洋和东南亚拥有了殖民地，这是欧洲国家首次进入亚洲世界。

瓦斯科 · 达 · 伽马的航海向导，是在马林迪（现属肯尼亚）雇用的船员，名叫艾哈迈德 · 本 · 马吉德。本 · 马吉德是阿拉伯人，他有很多与航海技术相关的优秀著作，我们通过他的著作可以知晓当时的波斯湾、印度洋甚至中国南海的情况。

1492 年，哥伦布发现了新大陆。不仅是欧洲，亚洲和美洲也被卷入了大航海时代的浪潮中。

假设："从西非到新大陆"

从已知的大陆到美洲新大陆的大西洋航线是谁发现的呢？

关于这个问题，有一个很有意思的说法：早在约公元前 1500 年，就已经有人从西非航行到西印度群岛了。在

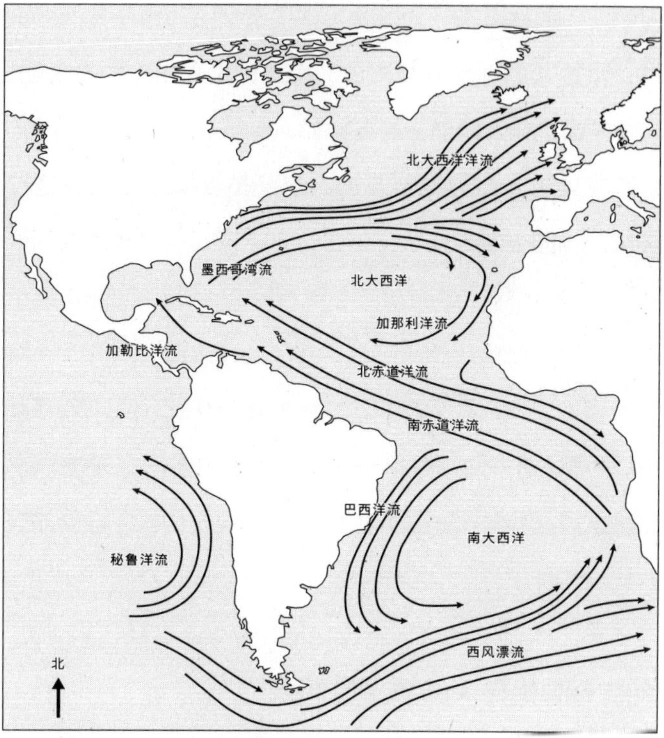

示意图 2　大西洋的洋流

新大陆上，人们发现了黑人的骨头，这说明在哥伦布到达美洲之前，非洲和美洲之间就已经有来往了。我觉得这种观点有一定说服力。

示意图 2 展现了大西洋的洋流。有意思的是洋流的方向：在大西洋北部，洋流从美洲向欧洲流动；在大西洋南部，洋流从非洲向美洲流动。由此可见，要前往新大陆，从非洲出发比从欧洲出发更有利。

我认为，当时在西非的人们恐怕也知道，乘着这股洋流，就能去新大陆了（虽然当时应该没有“新大陆”这种说法）。不过，最初从西非航行到新大陆应该还是很少有的事情，传染病就是旁证。欧洲人到达新大陆时，印第安人感染了欧洲人带来的结核、天花等疾病，人口急剧减少。如果此前有很多非洲人越过了大西洋的话，这些病原体就应该已经被带到了新大陆，印第安人也就应该能对这些疾病免疫了。

大航海时代最大的意义是什么

在 1498 年，葡萄牙开辟了印度航线。根据以往的研究，我们可以认为，之前那条从红海经过亚历山大港到意大利的香料贸易路线（地中海路线）很快就衰退了，取而代之的是好望角路线。

实际上，好望角路线也很危险。从瓦斯科·达·伽马的时代开始，又过了一百多年，在 17 世纪，好望角路线

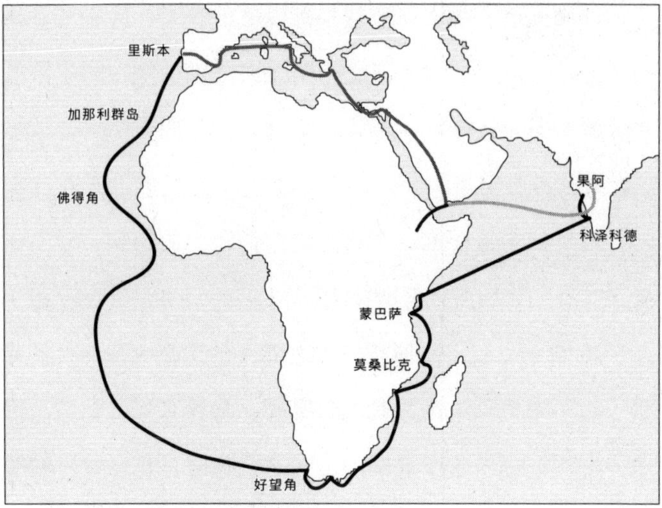

示意图 3　香料的运输路线

的香料运输量才超过了地中海路线。

香料贸易路线的变化，给意大利的经济带来了巨大打击。意大利通过香料贸易获得的利润减少，而且，在印度和东南亚形成了跨文化贸易圈，将意大利排除在外了。

最初，在从东南亚到欧洲的“香料之路”上，意大利的控制范围不过是从地中海的亚历山大港到意大利。相比之下，葡萄牙已经可以从马鲁古群岛直接将香料输送到欧洲了。

前面说过，掌握了交通基础设施的一方，会在贸易中占优势。在当时的“香料之路”上占优势的是控制了中东地区的奥斯曼帝国，而意大利不过是欧洲的一个可以被排除在外的存在罢了。

相反，葡萄牙控制着从东南亚到欧洲的商船，即使在亚洲也展现着前所未有的实力。

19 世纪以后，欧洲在世界上确立了支配地位，究其原因，最不能忽视的就是海运的发展。欧洲的海运发达，带来了贸易优势和经济增长，这成了形成信息和金融控制的基础。从长远来看，这就是大航海时代最大的意义。

4

亚洲贸易圈如何帮助织田信长夺取天下

从世界史的角度来看日本的战国时代

大航海时代对日本也产生了巨大影响。让我们试着把大航海时代的重大事件年表和日本历史年表放在一起吧。

16 世纪，葡萄牙、西班牙等国进入亚洲，这与战国大名之间的争斗产生了密切的联系。以火绳枪（旧式步枪）为首的武器为战国时期的日本带来了一场军事革命。

最明显的体现就是 1575 年的长篠之战，织田信长的军队给武田胜赖的军队带来了毁灭性打击。人们曾认为这场战役中使用了 300 支火绳枪，后来修正为 100 支。在一场战役中使用这么多的枪械，在同时代的欧洲也几乎找不到相同的例子。毫无疑问，在当时，日本是一个军事国家。

实际上，在欧洲，近代军事革命也是在15世纪到16世纪才发生的。最早大量使用步枪、大炮等武器的战争是哈布斯堡家族（神圣罗马帝国、西班牙）和瓦卢瓦家族（法国）为争夺意大利进行的意大利战争（1494—1559）。

1467	应仁之乱（至1477）
1480	葡萄牙人到达通布图
1488	巴尔托洛梅乌·迪亚士（葡萄牙）到达好望角
1492	哥伦布（由西班牙支持）到达西印度群岛
1494	《托尔德西里亚斯条约》缔结；意大利战争（至1559）
1498	瓦斯科·达·伽马（葡萄牙）去往印度
1507	新大陆被命名为“阿美利加”
1511	葡萄牙占领马六甲
1513	巴尔沃亚（西班牙）穿过巴拿马地峡
1516	北条早云平定相模国
1517	马丁·路德发表《九十五条论纲》
1519	科尔特斯（西班牙）征服阿兹特克帝国；麦哲伦（由西班牙支持）开始环球航行
1533	皮萨罗（西班牙）征服印加帝国

（接上表）

1534	耶稣会设立
1541	武田信玄成为甲斐国领主
1543	火绳枪传入种子岛
1545	特利腾大公会议（至 1563）；秘鲁波托西银山被发现
1549	方济各·沙勿略到达鹿儿岛
1550	葡萄牙在平户设立商行
1553	川中岛合战（第一次）
1571	西班牙建立马尼拉市
1575	长筱之战
1576	大友宗麟购入“国崩炮”
1577	德雷克（英国）环球航行（至 1580）
1580	大村纯忠将长崎献给耶稣会
1582	本能寺之变
1596	圣菲利浦号事件；丰臣秀吉颁布禁教令

表 1　日本战国时代与大航海时代年表

关于火器传入日本的时间和途径，有诸多说法。但毫无疑问的是，战国时代的日本人在仅仅几十年间，就能够大量生产步枪了。由此看来，日本可以说是军事革命最成功的国家。而有效利用了这一成果的，正是织田信长。

为什么日本能以如此令人惊叹的速度追赶上欧洲的军事革命呢？耶稣会是关键所在。

耶稣会是1534年由依纳爵·罗耀拉创立的天主教传教组织（方济各·沙勿略也是创立成员之一）。实际上，耶稣会还有另一个作用，那就是进行贸易往来。武器是耶稣会在日本兜售的主要商品之一。

不论是葡萄牙，还是耶稣会，都在16世纪活跃在与欧洲相距很远的亚洲。其实，他们在到达亚洲以前，亚洲就已经形成了商业网络。葡萄牙人初到亚洲，充分利用了这个海上商业网络。而对建立亚洲的商业网络起到了巨大作用的是穆斯林。

穆斯林商人席卷亚洲海域

7世纪，穆罕默德创立了伊斯兰教。此后，伊斯兰教以阿拉伯半岛为起点，向世界各地传播。

在与中东地区相邻的印度地区，8世纪后有阿拔斯王朝（750—1258）、以德里为首都的德里苏丹国（1206—1526）和莫卧儿帝国（1526—1857），这些都是伊斯兰王朝。

可见，从很早开始，穆斯林商人就活跃在印度洋的贸易中。印度地区输出了大量产自热带和亚热带地区的商品（包括香料、药物、金、铅、锡、宝石、木材、米、豆类、水果、皮革、象牙、家畜、纺织原料），将衣服、毛毯、金属制品、陶器、玻璃容器、首饰、金银货币、武器以及来自其他地区的转运货物等输入了西亚和地中海沿岸的城市。运送这些商品的就是穆斯林商人。

不过，穆斯林商人并没有垄断印度洋的贸易。印度洋地区有叙利亚正教、犹太教、琐罗亚斯德教、印度教等，是一个有不同信仰的人们居住的地区，印度西北部的古吉拉特商人等群体也很活跃。这是一个名副其实的文化交流的舞台。

伊斯兰化的浪潮进一步推向了东南亚。杰夫·韦德教授指出，8 世纪至 11 世纪，在占城（现属越南）等东南亚地区都形成了穆斯林共同体。

伊斯兰势力也影响了中国。11 世纪下半叶，来自阿拉伯的使者到达东南亚，也到访了中国。在这个时期，中国的海上贸易据点从广州转移到了泉州，他们很快在泉州建起了清真寺。在 12 世纪至 13 世纪，东南亚掀起了海上贸易的热潮，在泉州的穆斯林也积极地参与海上贸易。14 世纪，大旅行家伊本·白图泰也到访了泉州，据他记载，这个“世界最大的港口”停靠着许多大型帆船。

就这样，穆斯林商人活跃在印度洋和东南亚，从 8 世纪至 14 世纪，逐渐建立了商业网络。接下来，从 15 世纪下半叶到 17 世纪，正是欧洲的大航海时代、日本的战国时代，此时的东南亚，迎来了“贸易时代”。

研究东南亚海洋史的泰斗安东尼·瑞德将东南亚的 1450 年至 1680 年这个时期命名为“贸易时代”。他认为，这是东南亚进一步伊斯兰化的时代。从 1400 年到 1462 年，马六甲、苏门答腊、马鲁古群岛的蒂多雷岛等地都被伊斯兰文化影响，后来这种影响又向文莱、马尼拉、占城等地扩散。

在这个时期，对东南亚来说，最大的市场是中国。中国从 14 世纪下半叶起，在两个世纪内，经历了人口的急剧增长。人口增长，也就意味着消费增长。

当时中国处于明朝（1368—1644）。明朝永乐年间（1403—1424），宦官郑和奉命航海至印度的科泽科德，接着抵达波斯湾，致力于对外交流，对贸易表现出积极的态度。

然而，永乐帝以后，明朝趋于强化原先的海禁政策。在民间，尽管从中国大陆移居到东南亚的中国人依然在进行着贸易，但对亚洲的海上交易来说，不可否认的是，中国的存在感正在减弱。

这种情况下，在15世纪末的东南亚，作为重要贸易根据地的马六甲（现属马来西亚）日益繁荣。位于马来半岛和苏门答腊岛之间的马六甲海峡，现在也是海上交通要道。当时的马六甲海峡，是印度洋使用的三角帆船和东南亚使用的大帆船的会合点。控制了这个海峡，也就控制了东南亚和印度洋的交易。

因此，马六甲聚集着阿拉伯人、波斯人、印度尼西亚人，他们交换米、砂糖、鱼、棉织品、胡椒、樟脑、香料、白檀木材、瓷器、绢和贵金属。这里成了亚洲贸易的中心地区。

示意图1展示了17世纪时亚洲和印度洋的贸易路线。我们可以看到，在这个时期，东南亚和印度洋已经成了一体化的世界。

之后，欧洲商人也加入了这个以穆斯林商人为核心的印度洋和东南亚贸易圈。1498 年，瓦斯科·达·伽马到达印度的科泽科德，随后，葡萄牙人、荷兰人、英国人、法国人、丹麦人和瑞典人也航行到了亚洲。尤其是葡萄牙人，他们在亚洲的贸易活动中最活跃。

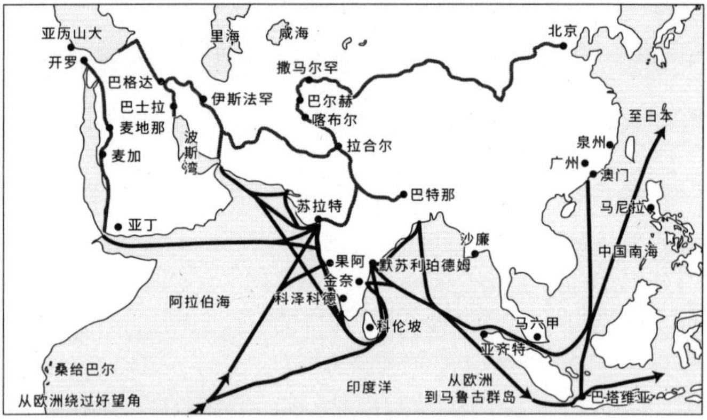

示意图 1　17 世纪亚洲和印度洋的贸易路线

葡萄牙人在亚洲贸易中发挥的最大作用，就是让东亚也加入了印度洋和东南亚贸易圈。

在印度和东南亚活跃的穆斯林商人，并没有进入中国以北和日本等地区。而明朝的民间船只，虽然活跃在东南亚和东亚，但并没有在印度洋频繁活动。

在这个时期，琉球成了东南亚和亚洲东北部之间的重要枢纽。琉球积极地向中国朝贡，也向东南亚的主要贸易港口派遣大帆船。根据现存记录，1430 年至 1442 年，琉球向泰国的阿瑜陀耶王朝派遣使者至少 17 次，向苏门答腊岛 8 次，向爪哇岛 8 次。

至此，还没有出现将从印度洋到东亚的区域作为活动范围的商人。到了 16 世纪中叶，葡萄牙商人首次将亚洲的海域一体化，而在其中扮演了重要角色的是耶稣会。

作为军火商的耶稣会

1540 年，耶稣会获得了罗马教皇的承认。之后，耶稣会在印度和美洲新大陆传教，势力急剧扩大。他们最重视的是“葡萄牙属东印度”，这正是从中近东到日本之间的区域。

根据高桥裕史先生的研究，耶稣会从葡萄牙国王那里得到了经济援助和军事援助。作为回报，耶稣会维护葡萄牙在亚洲的权益，并促进葡萄牙在亚洲的贸易。

由马六甲、中国和日本连成的贸易路线，对葡萄牙商人来说是最有利的路线。沙勿略在从鹿儿岛寄出的信件上写道，在日本的堺这个地方金银丰富，应该设立葡萄牙商行。对于葡萄牙与日本之间的贸易，耶稣会也会积极参与价格交涉等活动。贸易带来了各种具有吸引力的商品，这也有利于在日本传教。

日本战国时代的大名们尤其想要葡萄牙船只运来的军需品。耶稣会通过供应大炮、硝石（火药的原料）和弹药等，从大名那里得到传教的许可。织田信长也是这些战国武将中的一员。路易斯·弗洛伊斯在《日本史》中关于织田信长的详细记述很有名，而弗洛伊斯也是来自葡萄牙的耶稣会成员。

与耶稣会有关的武器中最有名的，当数由九州大名大友宗麟购入的“国崩炮”了吧。日本经由耶稣会驻澳门主教首次引进了这尊佛朗机炮。对日本来说，耶稣会是供应欧洲武器的军火商。

耶稣会让传教、贸易和军事成了一体。通过军需品贸易与耶稣会打交道的战国大名中，有不少皈依了基督教——大友宗麟接受了洗礼，想在九州建立基督教王国，大村纯忠甚至将领地长崎献给了耶稣会。

接下来，1580 年，东印度巡察官瓦里格纳诺（耶稣会的亚洲总管）下令将长崎作为军事要塞，副管辖长加斯帕尔·科埃略在城中配备了大炮。难怪丰臣秀吉会认为“耶稣会正试图征服日本”。

在当时，葡萄牙先从日本购入铜，运到澳门和果阿（属印度）的工厂里，铸造成大炮后，再把大炮配备给葡萄牙在亚洲的各个领地。就这样，日本也被纳入了葡萄牙在亚洲的贸易与军事体系中。

织田信长舍弃了耶稣会

根据弗洛伊斯的《日本史》，织田信长见了前面所说的瓦里格纳诺，热情地款待了他，邀请他到安土城，赠予他绘有安土城风景的精美屏风。织田信长还允许耶稣会在安土城设立神学院，对日本青少年进行西洋式教育。有人由此认为，织田信长对耶稣会和基督教的态度是宽容的。但实际上是怎样的呢？

事实上，织田信长推崇的是耶稣会带来的西洋的先进科学技术，尤其是武器，而不是基督教。

在织田信长的时代，日本已经可以自己生产欧洲式枪支了。可以说，位于堺的军事工厂生产着当时世界上最先进的武器。而且，除了硝石以外，生产大炮所需要的材料都可以在本土制造（到了江户时代，硝石也可以自给自足了）。也就是说，对织田信长来说，作为军火商的耶稣会的重要性在逐渐减小。

而且，耶稣会也向织田信长以外的其他势力提供武器，同时也进行了自我武装。因此，人们普遍认为，即使织田信长没有在本能寺之变中被杀掉，他最终也会不可避免地与耶稣会势不两立。

5

古登堡革命如何改变了商业世界

“古登堡革命”是什么

说到活字印刷，中国北宋崇宁年间（1102—1106）的《观无量寿经》是现存最早的活字印刷品。这种活字印刷是把字刻在陶制品上实现的。此外，13 世纪，在朝鲜半岛的高丽也在采用铜活字印刷术。

直到 15 世纪，欧洲才出现了活字印刷。西方的活字印刷发明人是约翰内斯·古登堡（约 1398—1468），“古登堡革命”的说法就是源自他的名字。古登堡发明的活字印刷术，对世界产生了深远的影响。

在此之前，欧洲的书籍几乎都是手抄本。从中国传入的木版印刷在 14 世纪至 15 世纪才开始普及。而且，长期以来，只有神职人员才会读书写字，许多手抄本都是在修道院写成，只在非常有限的范围内传播。

关于古登堡的生平，并没有很详尽的记载。据说，他出生在德国莱茵城市同盟中的美因茨，父亲和叔叔都是大主教造币厂的官员。一般认为，古登堡在造币厂观察到了熔化的金银被倒入模具，按压成型，最终打磨抛光的过程，这成了他发明活字印刷的基础。

1428 年，从事金属加工的古登堡迁到了位于莱茵河上游的斯特拉斯堡。1445 年，古登堡创造了活字印刷。后来，1455 年，他印刷并发行了《古登堡圣经》，这是世界上最早的印刷的圣经。

约翰内斯 · 古登堡

有了活字印刷术，书籍的数量显著增加。这是一场知识和信息的革命。以前只有部分神职人员有读写能力，现在其他阶层也能掌握这种能力了。这场革命使神职人员的权威降低，而且通过书籍、报纸、杂志等媒介，促进了欧洲民间社会的形成。

此外，它还对宗教改革产生了重大影响。如果没有古登堡发明的活字印刷术，马丁·路德可能不会想到将圣经翻译成德文。对主张回归圣经的新教徒来说，出版用自己的母语而非拉丁语写成的圣经是非常重要的。

如上所述，古登堡革命在政治、宗教和文化方面的影响已经众所周知。在本章，我想从不一样的角度来论述，那就是古登堡革命对经济的影响。

只有新教地区的经济增长了吗

由于德国哲学家马克斯·韦伯的《新教伦理与资本主义精神》太过有名，人们往往认为近代欧洲经济的增长很大程度上归功于新教，尤其是活跃在瑞士的宗教改革家加尔文。

不过，当今的欧洲历史学界几乎已经形成一种定论，那就是不仅仅在新教地区，在天主教地区经济也显著增长。

韦伯将勤奋和禁欲称为“资本主义精神”。不过，从经济史的角度来看，近代欧洲之所以会经济增长，正是因为向美洲、亚洲等地的对外扩张，使商业贸易急速增加。并且，在此期间，无论是天主教商人，还是新教商人，都促进了商业的发展。

当然，欧洲在很长时间内一直有宗教战争，在西班牙和其他地方还存在对犹太商人的排斥。但这种教义或政治上的宗教冲突与商业活动是两码事。

比如，近年的关于阿姆斯特丹商人的研究表明，即使在宗教冲突很激烈的欧洲内部，天主教徒和新教徒也一起从事着商业活动。而且，有意思的是，在远离欧洲的大西洋贸易中，这种跨越教派的商业活动会变得更多。

从经济角度来看，天主教商人、新教商人以及犹太商人互相往来，实现了跨文化、跨宗教的贸易，贸易额和贸易范围都因此变大了。这就是从近代走向现代的欧洲世界。

那么，不同地区、不同文化和不同背景的商人如何一起进行商业活动呢？实际上，古登堡革命对此起到了很大的作用。

15 世纪的信息革命

对商人来说，信息是至关重要的。商人只有在认为自己掌握的关于商品的信息比其他人更确切时，才会进入市场。当然，这种判断也并不总是正确的（所以，才会有商人破产的情况）。但重要的是，商人需要在主观上认定“自己掌握了确切的信息”。

如果能掌握其他人不知道的信息，显然是很有利的。不过，在众多的商业活动参与者中，如果大家掌握的信息的数量和质量差异太大，那么，除了一小部分掌握丰富信息的人之外，其他人都将会退出市场，而且，要想进入这样的市场尤其不易。因此，这样的市场并不能很好地发展。

也就是说，为了市场的良好发展，商业信息必须被广泛分享，让更多商人相对容易地参与其中。

近代欧洲商业之所以能飞速发展，正是因为在欧洲内部形成了能让商人相对容易地进入市场的环境。最重要的是让每个人都能容易地获得商业信息，而实现这一点的正是古登堡发明的活字印刷术。

商人创造了“标准语”

在此，让我们先回顾一下在古登堡以前的商人和文字信息传播的情况。

汉萨商人在北海和波罗的海进行贸易，他们被认为是“流动商人”。在12世纪前后，他们随身携带自己的商品，辗转于顾客的居住地之间。这些流动商人形成了一个同业公会，有自己的武装力量，他们在商业旅途中互相帮助。

不过，到了13世纪至14世纪，汉萨商人在城市定居了下来。一个原因是交易量增加了，另一个原因是商业贸易已经趋于稳定。当谷物、海产品、纺织品、木材等商品的交易量变得很大时，商人在旅途中已经不能很好地照看自己的全部商品了。此外，随着商业贸易趋于稳定，商人不再需要在场见证交易过程了。汉萨商人在定居后，通过写信的方式与交易的另一方沟通。

通信需要读写能力，但12世纪的汉萨商人还不会写字。于是，汉萨商人让神职人员替他们写信。我们并不知道汉萨商人具体是什么时候会写字的，不过，到了14世纪，除了拉丁语外，还出现了用低地德语（北海和波罗的海沿岸的德语方言）写的信件。到了15世纪，低地德语甚至占据了主导地位。

从官方的拉丁语到本地方言，从神职人员到商人，这样的过渡在意大利也出现了。我们从佛罗伦萨保存下来的历史资料中发现，1427 年，在申报直接财产税时，人们必须提交一份报税单。这意味着，当时的佛罗伦萨已经是一个不会读写就很难生存的社会。而且，这份报税单也有意大利方言的通用版本。

印刷厂的情形（1568）

在现代以前，语言教育是从“声音”开始的。因此，一种语言的拼写并不是固定的。这一点在原始史料中可以看到，令后代的历史研究者大为困惑。

然而，当商业贸易有了统一的规则，商人之间的合约从私有的变成了公共的（如把合同提交政府机关、提供审判证据等），商业信函和合同的样式也逐渐统一。在这个过程中，“正确的拼写”逐渐形成。我认为，商业活动对当今我们使用的各国语言（方言）的形成，起到了很大的推动作用。

因此，我们可以看出，在路德的宗教改革（1517）之前，在商业世界里，曾经起到传播信息和知识作用的神职人员的地位已经下降，商人作为一股新的力量登场了。古登堡正是在这个时候发明了活字印刷术。

“经商指南革命”的作用

随着活字印刷术日益普及，“经商指南”对欧洲的商业发展产生了很大影响。这是一种商业百科全书，把它称为“指南”，会更容易理解吧。“经商指南”中阐述了商业规则、谈判技巧，以及成为独当一面的商人的方法。

“经商指南”的原型出现在13世纪下半叶的意大利托斯卡纳和威尼斯，这都是当时先进的商业区。如前所述，欧洲商人从“流动型”变成了“定居型”，他们不再亲自辗转各地做现场交易，而是把交易委托给了当地的代理人。因此，遵守共同的规则就格外重要。

随着商业据点的转移，到了16世纪，越过阿尔卑斯山，在安特卫普（现属比利时）、阿姆斯特丹、伦敦等地都出现了“经商指南”。在中世纪的手抄本中，关于商人的文字并不多，但自古登堡革命以来，由于活字印刷带来的便利，很多商人都开始利用这种指南。

“经商指南”起源于意大利，而其中销量最多的是法国人雅克·萨瓦里在1675年创作的《健全的商人》。此书多次出版，被翻译成多种语言，1757年在英国出版的马拉奇·波斯特尔思韦特的《通用商业辞典》就是该书的英文版。在那个时代，还没有版权的概念，在翻译时往往会考虑到各地的不同情况进行修订。如此一来，指南就更加实用了。

这样的“经商指南”，促进了商业的标准化。无论在哪一块土地上，只要是读过同一本“经商指南”的商人，都会按同一套商业规则行事。此外，账簿、信件、合同等文件也有了规范。随着规则逐渐统一，进入市场变得容易了。而且，多亏了古登堡革命，合同也由手抄本变成了印刷品。这样一来，商人只需在合同上签字就可以了。这种变革所带来的影响甚至可能超过了现代IT革命（电子交易）对金融和贸易的影响。

此外，如果想扩大贸易范围，就需要与新的交易方取得联系。取得联系的方法是准备一封由共同的熟人写的推荐信，或者一封自荐信。而写这种自荐信的方法，也被写成小册子出版了。只要遵守这种商业书信的规范，即使是第一次写信的商人，也会很容易地被其他商人认定为合作伙伴。这样一来，商人之间的关系网就很快地扩大了。

在国际贸易中，语言问题也很重要。以前商人不得不学习各个国家的语言，而有了商务文件的规范之后，商人只需掌握少量的商务用语，就可以与其他地区的商人进行交易了。

需要注意的是，这种“经商指南”的传播并不会受天主教、新教或犹太教等宗教派别的影响。在商业世界中，规范化的力量超越了宗教的隔阂。

欧洲的商业习惯成了世界通用标准

从近代到现代，欧洲获得了全球经济的主动权，在这个过程中，“经商指南革命”起到了很大作用。即使在欧洲之外的国家，欧洲商人也实行了他们建立的商业规范。

举个例子，在印度果阿，很多商人使用葡萄牙语、英语或法语写成的商业信函，还接受了自欧洲传入的外汇票据、船运发票、报税单和委托书等。

如果把当时的印度和欧洲的经济实力相比较，其实印度未必比欧洲差。但说到像商业信函这样的商业习惯，还是欧洲成功地把自己的商业习惯推广到了印度。

而且，随着欧洲领土的扩大，最初不会说欧洲语言的商人，也不得不适应欧洲的习惯了。可以说，欧洲用军事力量强行推广了自己的商业规范。不过，对果阿的印度商人来说，欧洲的商业习惯也确实为他们带来了便利。我想更多地从这个角度来看——古登堡革命带来的规范化成了欧洲商业的优势。

就这样，欧洲人的商业习惯成了世界通用标准，在各地传播。全世界的商业活动都“欧洲化”了，各个国家的商人都不得不渐渐适应欧洲标准。

由此可见，古登堡革命对经济也产生了深远的影响。

再进一步说，宗教改革也与“市场”密切相关。这一点主要体现在为宗教改革写的宣传小册子上。

在当时，书籍的出版离不开图书交易会。在法兰克福、莱比锡等城市举办的图书交易会，对书籍的传播发挥着很重要的作用。有些时候，人们会设法得到辩论对手的书籍出版前的校样，加上自己的反驳文章，一起印在宣传小册子上。这样一来，辩论对手只有等到第二年的图书交易会才能反驳了。对宗教改革者而言，这样的出版行为既是重要的收入来源，也是宣传自我主张的市场活动。对接受新教教义的信徒来说，这些宣传小册子就是新的信仰的指南。

从这个角度来看，可以说宗教改革是一场基于市场原理的运动。宗教改革者通过宣传小册子，对自己的主张进行商品化，从而获得了“客户”，即信徒。

6

葡萄牙和西班牙如何成为强国

如今被称为“欧盟的累赘”的葡萄牙和西班牙

在大航海时代，葡萄牙和西班牙都是领先世界的国家。不过，如今这两个国家财政危机不断，更多地被称为“欧盟的累赘”了。人们大致有这种印象：这两个国家都曾经有发现新大陆、进入亚洲等辉煌成就，但后来快速地衰退，落后于荷兰、英国和法国，退出了世界史的舞台。这两个国家好像不过是支配欧洲的“开路者”，或者是起跑良好却半途而废的马拉松运动员。

但事实并非如此。葡萄牙和西班牙不仅仅是进入亚洲和美洲的开路者，还是 15 世纪至 16 世纪时世界经济一体化的推动者。两国的影响力比我们想象的更大，到了 18

世纪至 19 世纪，它们仍是世界经济的重要角逐者。

将世界一分为二的条约

我们先来回顾一下 15 世纪至 16 世纪时葡萄牙和西班牙进军海外的过程。两国都位于伊比利亚半岛，一开始，葡萄牙向东，西班牙向西，选择了两条方向相反的开拓路线。

葡萄牙沿着非洲西岸南下，进入了亚洲。1498 年，瓦斯科·达·伽马跟随阿拉伯帆船到达印度科泽科德。此后，葡萄牙在亚洲建立了多个殖民地。1510 年，阿方索·德·阿尔布克尔克占领了印度果阿，他接下来在 1511 年占领了马六甲，1515 年占领了波斯湾的忽里模子，就这样控制了从东南亚到波斯湾的航线。

西班牙在 1492 年哥伦布发现新大陆后，征服了美洲大陆。除巴西以外，中南美地区都在西班牙的控制之下。因此，现在该地区的官方语言是西班牙语。该地区被称为“拉丁美洲”，其中“拉丁”就是“伊比利亚的”之意。

葡萄牙和西班牙都无法对彼此的海外探险视而不见。特别是在西非沿岸，两国的竞争日益激化。西班牙派遣船

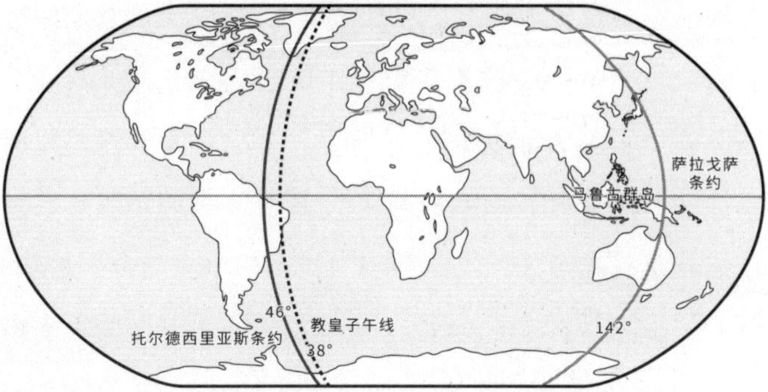

示意图 1 《托尔德西里亚斯条约》和《萨拉戈萨条约》

只，试图阻碍葡萄牙，两国发生了冲突。在罗马教皇的调解下，1479 年，两国签订了《阿尔卡苏瓦什条约》。根据该条约，西班牙获得加那利群岛的占有权，葡萄牙获得非洲沿岸、马德拉群岛、亚速尔群岛和佛得角群岛的占有权，两国的纷争暂时缓解。

但是，到了 1492 年，哥伦布在西班牙的援助下发现了新大陆，情况有了很大转变。第二年，西班牙籍教皇亚历山大六世在葡萄牙领地佛得角以西约五六十千米处画了一条“教皇子午线”，并规定在子午线以西，西班牙享有优先权。

这样一来，大西洋西侧都成了西班牙的领地，葡萄牙对此极为不满。1494 年，两国达成一致，将分界线向西移了约 1500 千米——这就是《托尔德西里亚斯条约》。

到了 1522 年，麦哲伦环游世界一周，人们发现地球是球体，是无法用一条线一分为二的。也就是说，在亚洲也需要划分界线。

对两国都尤其重要的，是对香料产地马鲁古群岛的划分。根据 1529 年的《萨拉戈萨条约》，以穿过马鲁古群岛东部的子午线为界，西侧归葡萄牙，东侧归西班牙。西班牙以菲律宾群岛的占有权和金钱为交换条件，将东南亚的大部分领土给了葡萄牙，因此，马鲁古群岛成了葡萄牙的领地。

也就是说，天主教以自己的势力把世界分成了两半。这简直是现代人无法想象的。

这样一来，至少在天主教教会看来，世界被分成了西班牙和葡萄牙两部分。天主教教会认为，世界是由上帝创造的，而罗马教会是行使神权的机构，所以教皇能够随意分割世界。

按这种划分方式，连日本、中国都成了“被葡萄牙征服的领地”了。事实上，当时欧洲与中国、阿拉伯地区相比，还属于落后地区。然而，随着航海事业的发展，欧洲人在美洲和亚洲都建立了根据地。可以说，欧洲人通过这两个条约达到了“分割世界”的目的。

葡萄牙：商人的帝国

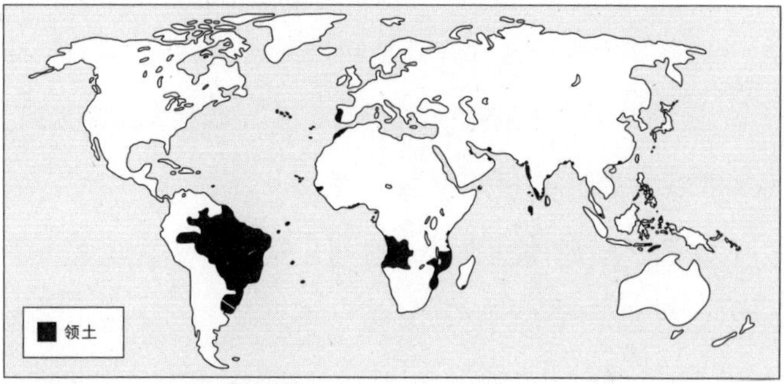

示意图 2　葡萄牙帝国

葡萄牙、西班牙在世界各地都建立了殖民地，但到了 17 世纪至 18 世纪，又逐渐失去了这些领地。1511 年，葡萄牙控制了马六甲海峡，但到了 1641 年，荷兰取而代之；葡萄牙在印度的控制权也被英国和法国的东印度公司夺去。就这样，葡萄牙渐渐失去了费尽心思夺来的在亚洲的领地。

葡萄牙还在1703年与英国签署了《梅休因条约》。该条约规定，允许英国将毛织品出口给葡萄牙，同时，英国将葡萄牙红酒关税减免至法国红酒关税的三分之二。该条约使农业国葡萄牙在经济上日益依附于工业国英国。

不过，从这个角度并不能准确把握葡萄牙这个国家的本质。

葡萄牙本质上是“商人的帝国”。正是每个葡萄牙商人积极的商业活动，缔造了葡萄牙这个强大的海洋帝国。这种情况持续到了19世纪初。

从殖民地的规模来看，葡萄牙虽然在殖民地的大小上不如后起之秀英国，但其殖民地的范围之广是英国无法相比的（见示意图2）。葡萄牙在巴西、非洲的东部和西部、印度甚至东南亚都有重要的商业据点，织成了一张广阔的海上贸易网。这正是葡萄牙的强大之处。葡萄牙的殖民地范围之广，即使是在东南亚拥有殖民地的荷兰也相形见绌。

从领土大小、是不是工业国来判断一国的强弱，这可以说是资本主义、帝国主义的历史观。不过，在当时的时代背景下，除了贸易优势大小、国民消费水平提高与否之外，应该还有其他的判断国家强盛与否的标准。

而且，活跃在全世界的葡萄牙商人具有高度的独立性，可以不依赖国家而存在（与之形成对比的是，近代英国将国家与商人一体化，从而掌握霸权）。因此，即使葡萄牙失去了殖民地，葡萄牙商人的贸易网络仍然发达，在亚洲的贸易规模甚至呈扩大趋势。后来，英国东印度公司在亚洲进行贸易时，不得不借助葡萄牙商人的力量与当地交涉。直至19世纪初，从波斯湾到中国澳门，商人的通用语言都是葡萄牙语，这是葡萄牙国力的最好证明。

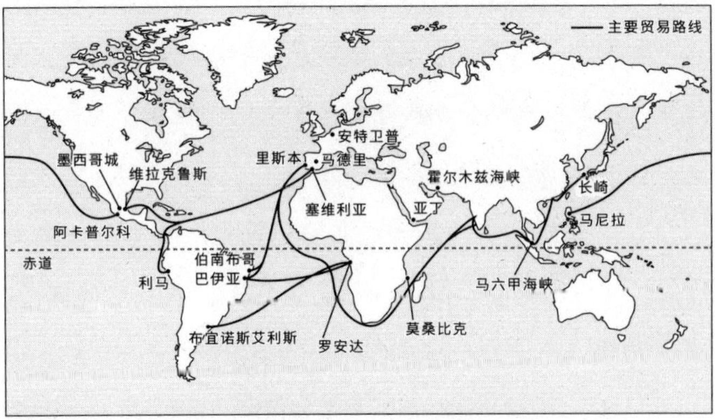

示意图3 1600年伊比利亚世界的贸易路线

所以说，开拓了全球商业网络的是伊比利亚半岛上的这两个国家（见示意图3）。荷兰、英国和法国都在后来利用了这个商业网络。

腓力二世的时代

近代西班牙最有代表性的国王，当数腓力二世（1556—1598 在位）。他常常被认为是“见证西班牙从强盛走向衰败的国王”。

1571 年，在勒班托海战中击败奥斯曼帝国，1588 年，西班牙无敌舰队在与英国的海战中大败，这些事件都发生在腓力二世在位时期。在那个时代，美洲新大陆的波托西（现属玻利维亚）等地的银矿产出的白银数量之多，令欧洲人震惊。这些从新大陆产出的白银，大部分流入了西班牙，推动了当时世界经济的发展。但是，腓力二世将这些白银用作战争资金，导致西班牙的经济实力不仅毫无提升，还在顷刻间衰退。以上就是人们对腓力二世的一贯看法。

但是，这样的思维方式未免把腓力二世面对的复杂问题过于简单化了。

我们可以在示意图 4 中看到腓力二世的父亲查理五世在位时的领土。

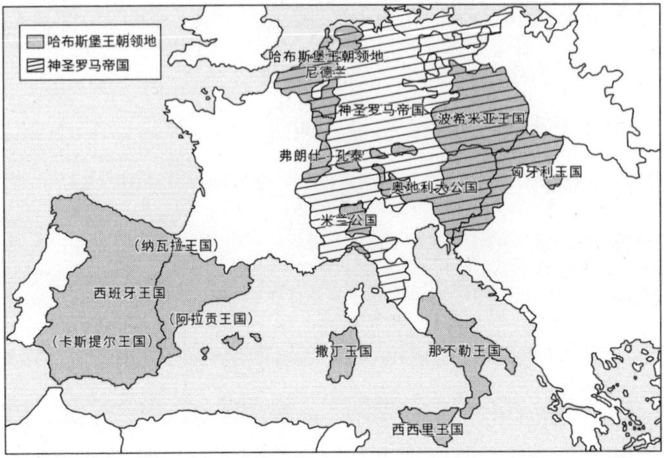

示意图 4　查理五世的领土

查理五世是神圣罗马帝国的皇帝、西班牙的国王，还控制着荷兰和意大利。1556 年，查理五世退位，腓力二世继位，并继承了除奥地利以外的全部领土。

所以，对腓力二世来说，西班牙只是他的诸多领地之一。他面对的真正重要的问题，是如何让自己从父亲那里继承来的帝国更加繁荣。在世人所熟知的西班牙史中，这一点经常出乎意料地被忽略。

进入近代后，有了民族国家的概念，英国史、德国史、西班牙史等各个国家的历史成了重要的研究课题。历史学家也倾向从这种角度研究历史。但是，腓力二世需要从更广阔的视角来管理自己的帝国。

从新大陆产出的白银流入西班牙后，被送到当时的欧洲经济中心安特卫普。安特卫普也是腓力二世的领地。毫无疑问，对腓力二世来说，安特卫普与帝国的繁荣息息相关。

如此看来，“白银的流出导致西班牙经济衰退，而荷兰成了经济中心，走向繁荣”这样的观点，略显牵强。因为这些地方都是腓力二世的领地，西班牙和荷兰不过是在帝国内部承担不同的职能而已。我认为，现代历史学家从孤立的各国历史的角度对腓力二世进行批判，是不恰当的。

腓力二世其实是败在了宗教上。在荷兰，新教徒较多，但腓力二世作为天主教世界的盟主，强制荷兰人信奉天主教。1585 年，为镇压由此造成的独立反抗运动，腓力二世攻陷了安特卫普。结果，很多商人逃往阿姆斯特丹、伦敦、汉堡等地，安特卫普繁华不再。

太平洋贸易的开拓者

说起来可能让人意外，西班牙还是太平洋贸易的开拓者。1571年，菲律宾的马尼拉成了西班牙的殖民地。此后，从墨西哥的太平洋沿岸城市阿卡普尔科到马尼拉的航线形成了。西班牙的大型帆船经此航线将白银运往亚洲。

装载白银的船只从马尼拉出发，途经澳门，然后抵达中国。在马尼拉—澳门—广州航线承担运输重任的是中国的帆船。当时，中国的丝织品和陶瓷等商品深受欧洲人喜爱，然而欧洲能向中国出口的商品极少。西班牙的白银（实际上产自美洲新大陆），打破了这一僵局，填补了欧洲对中国的贸易赤字。这样的太平洋贸易一直持续到19世纪初。

西班牙的大型帆船每年运输价值200万比索的白银。葡属印度、荷兰东印度公司和英国东印度公司也共运输了价值约200万比索的白银。交易规模之大，由此可见一斑。西班牙不仅在欧洲进行贸易，还在太平洋贸易中用白银打开了亚洲市场。从15世纪中期至18世纪末，西班牙一直是世界上运输白银的主要国家。

鸦片和奴隶成了世界商品

18世纪至19世纪，有两种商品体现了葡萄牙和西班牙在贸易活动中扮演的重要角色，那就是鸦片和奴隶。

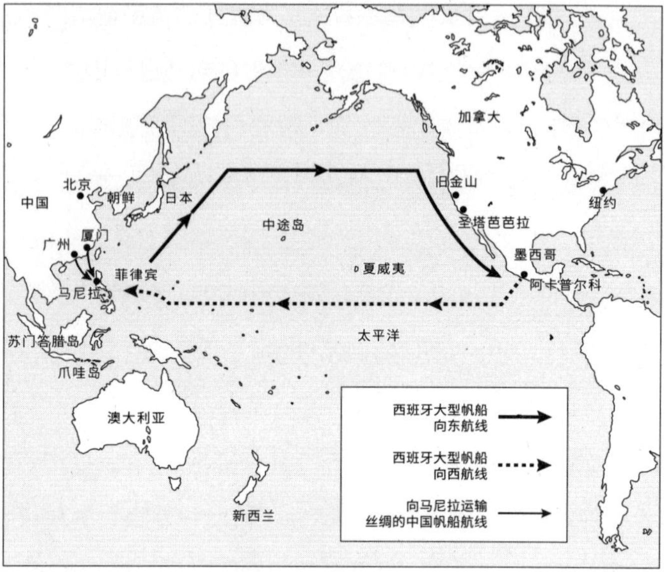

示意图 5　西班牙大型帆船的航线

1840 年，通过向中国走私鸦片赚得盆满钵满的英国与实行禁烟的清政府之间发生了武力冲突，最终导致了鸦片战争。其实，这当中有一个不为人知的事实——与英国相比，向中国输入鸦片更多的是葡萄牙商人。

英国东印度公司主要销售产自印度东北部的孟加拉鸦片。然而，流入中国的不仅仅是这种鸦片，还有产自印度中部和印度西北部拉其普特地区的马尔瓦鸦片。马尔瓦鸦片主要经葡萄牙商人之手从孟买和葡萄牙属港口向外输送。如表 1 所示，输入中国总量最多的是马尔瓦鸦片。

贸易年度	孟加拉鸦片	马尔瓦鸦片	土耳其鸦片	合计
1829	7143 （800 ～ 930）	6857 （740 ～ 1030）	700 （720）	14700
1830	6660 （790 ～ 1050）	12100 （400 ～ 760）	1671 （565 ～ 738）	20431
1831	5960 （885 ～ 1060）	8265 （645 ～ 800）	402 （550）	14627

表 1　中国鸦片贸易情况（单位：箱），括号内为每箱的价格区间（单位：美元）

鸦片贸易虽然是一段令人不堪回首的历史，但确实也体现了 19 世纪上半叶葡萄牙海运业在亚洲的巨大影响。

此外，以往的研究认为，大西洋的奴隶贸易大多是通过英国轮船进行的。但随着研究的不断深入，人们发现，运输黑人奴隶最多的是葡萄牙轮船。16 世纪至 19 世纪，英国运输奴隶约 326 万人，而葡萄牙向巴西运输奴隶约 585 万人。

奴隶贸易是由历史学家所说的“砂糖革命”引起的。

从17世纪起，人们在拉丁美洲大量种植甘蔗，欧洲人的饮食生活随之改变。对当时还处在贫穷边缘的欧洲人来说，砂糖成了热量的重要来源，它使欧洲人体格强壮，体力增强，平均寿命延长。

最早在殖民地大规模种植甘蔗的就是葡萄牙人。种植甘蔗需要劳动力，因此，大量奴隶从西非被运往当时葡萄

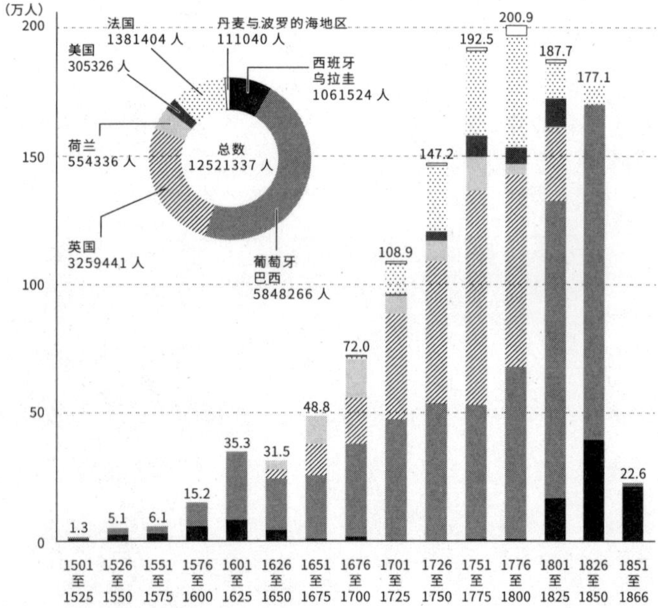

图表1　来自西非的奴隶人数

牙的殖民地巴西。这样的生产模式，后来在英国、法国和荷兰的殖民地西印度群岛上也被使用。

19世纪初，拉丁美洲各国相继宣布独立。但是，巴西在1888年才废除奴隶制度，当时的西班牙殖民地古巴则是在1886年。这自然与甘蔗的种植有很大关系。从这一点来看，葡萄牙和西班牙是奴隶贸易的罪魁祸首。不过，两国促进了亚洲、非洲、美洲和欧洲的商业贸易网的形成，这也成了日后两国自身国力的保证。

7

数学家费马如何奠定了保险的基础

概率论与现代社会

皮埃尔·德·费马

皮埃尔·德·费马是17世纪法国著名的数学家，被誉为“数论之父”。在他的研究成果中，最为人所知的当数“费马大定理”。费马读了古希腊的数学著作《算术》后，在空白处加了48

条注释，其中之一是："当整数 $n>2$ 时，关于 x，y，z 的方程 $x^n+y^n=z^n$ 没有正整数解。"这条注释困扰了数学家 300 多年。费马写道："关于这条定理，我确信已发现了一种美妙的证法，可惜这里空白的地方太小，写不下。"直到 1994 年，这条定理才由安德鲁·怀尔斯证明。

不过，说到对世界史的影响，费马留下的更重要的遗产是"概率论"。没有概率论，就没有我们现在的生活。概率论支撑了"保险"这套体系，无论是个人的人寿保险，还是进出口汽车或建造高楼时的财产保险，都离不开概率论。保险费率由事故或灾害发生的概率决定。人们通过统计获得数据，再通过概率论计算事故发生的"可能性"。

对于概率论，费马和另一位天才布莱士·帕斯卡都起到了关键性的作用。

布莱士·帕斯卡

改变历史的一封信

一切都始于帕斯卡写给费马的一封信。帕斯卡在信中讨论了有关赌博的问题，简单来说就是：两名玩家掷硬币5次，正面朝上的时候多则A获胜，反面朝上的时候多则B获胜。但由于某种原因，两人不得不掷3次后就停止。在这种情况下，A、B两人应如何分配赌注的钱呢？

围绕这个问题，两人通信讨论了4个月。为什么这个讨论很重要？借斯坦福大学数学系顾问教授齐斯·德福林的话来说，“这封信首次展示了预测未来的方法”。

费马和帕斯卡讨论的是，如何利用数学方法，从过去发生的事中，推算出将来可能发生的事。提出问题的是帕斯卡，给出完美解答的是费马。德福林在《改变世界的信件——帕斯卡、费马与概率的诞生》中详细介绍了他们的讨论，并评价道：“帕斯卡写了这封信之后的100年里，平均剩余寿命表成了英国终身养老金的基础，伦敦成了海运保险业的中心——如果没有保险，海运恐怕只会被那些能够承担巨大风险的富豪垄断。”

也就是说，费马和帕斯卡的研究奠定了现代保险的基础。

顺便一提，费马其实是法律专家（他在本职工作中的表现也非常优秀，曾在最高刑事法庭任职），一生都没出版过数学方面的论文。他的天分全部体现在与欧洲最优秀的数学家的频繁通信中。在那个时代，知识分子都通过书信来讨论问题，帕斯卡和费马一生都未曾谋面，仅通过书信就开辟了概率论这个领域。

此外，在当时的欧洲，信件寄出后不一定能保证送到对方手上。因此，普遍的做法是把信复制很多份寄出去，自己也留一份备份。费马和帕斯卡生活的时代，对应的是日本的江户时代初期。从这个意义上讲，江户时代的信使制度可能要可靠得多。

近代保险制度的建立还借助了另一个重要的数学法则——雅各布·伯努利（1654—1705）等人提出的“大数定律”。这条定律简单来说就是“当随机事件发生的次数足够多时，其发生的频率会趋近预期的概率”。比如，掷骰子的时候，掷出一点的概率是六分之一。可实际上，如果只掷 6 次，掷出 2 次一点也是有可能的。不过，掷的次数越多，掷出一点的次数就会越接近六分之一。如果掷 6 万次，那么掷出一点的次数会非常接近 1 万次。这就是

“大数定律”。

除了概率论，近代保险制度还需要通过统计来收集、处理庞大的数据。

古代的保险和中世纪的保险

在此，让我们稍稍回顾一下过去。

说到世界上最古老的保险，可以追溯到公元前2000年的古巴比伦王国。人们将货物交给商人后，为防止商人带着货物逃走，在货物全部卖出前，会扣押商人的家属或财产。这其实和“人质”的性质差不多。

据说，古希腊和古罗马也都出现过航海保险，在当时被称为“冒险借款（航海借款）”。

首先，船主或货主用船只或货物做担保，借来资金。船只、货物平安抵达目的地后，再连本带息归还借款。如果没能平安抵达，本金和利息的归还义务就会被免除。

显然，这与我们所知的保险不同。近代保险的本质是利用风险对冲，避免损失。但在“冒险借款”中，向船主或货主提供资金的一方并没有形成风险对冲。也就是说，“冒险借款”的主要目的是筹集所需资金，与其说是保险，不如说是投资。

1343 年和 1347 年在热那亚写成的两份字据被视为最早的保险合同。合同中规定，船主或货主要事先向投资者支付风险费，发生损失时，船主或货主要将船只或货物卖给投资者。

但这还不能算是近代保险。中世纪的意大利保险业，本质上遵循的还是经验。人们常说“中世纪的意大利是近代经济的发源地”，但这种说法忽视了（或者说轻视了）近代与近代前的巨大差异。中世纪的意大利经济并没有直接发展成近代经济。

中世纪与近代的巨大差异还体现在企业形态上，这与保险的形式也有密切关系。

中世纪的企业，基本上是为某一具体事务而成立的，用现代的说法就是“项目型企业”。

在航海贸易中，为了某次航海活动，船主和投资者会聚集在一起，航海活动完成后，他们一般就会解散。与此相反，近代企业以永续性为前提，合同、雇佣和贸易都以公司未来还在经营为前提。生活在现代的我们会觉得这一切理所当然，但“以永久经营为前提”的企业其实在近代才出现。

中世纪的企业是一次性的，近代的企业是永续性的，这两种不同的企业，对合理行为的定义自然也不同。

比如，中世纪的商人在从事海上贸易时，如果某条航线只需要走一次，而这条航线上的遇难概率是十分之一，那么他决定不买保险也可以说是合理的。

相反地，近代贸易公司是长期经营，很可能需要走某条航线无数次。在这种情况下，为每次航行购买一定的保险才更合理。考虑到企业的永续性，经营者需要更长远的经营策略。

汉萨同盟的合理的风险对冲

不过，需要注意的是，我们不能武断地说近代商人做的是基于计算的合理的生意，而中世纪商人做的是投机性的不合理的生意。

在中世纪，企业是一次性的，商人虽然没有保险制度，但有其他风险对冲方法——比如汉萨同盟的“Partenreederei”。

研究汉萨同盟的专家菲利普·多林格认为，自 14 世纪中叶起在地中海地区和葡萄牙被使用的海上保险，直到

16世纪中叶都没有在汉萨同盟被使用过。

汉萨同盟采取的方式是，虚拟地将船只分为几个部分，每个人持有其中的一部分。比如，一人持有船只的20%，另一人持有15%。通常，船长自己也持有一部分。

“Partenreederei”以前被译为“船舶共有组合”，现在更多地被译为“船舶共有制度”。这种做法实际上并不存在“组合”，因此，“船舶共有制度”更为贴切。更准确地说，“reederei”的意思并不是“船舶”，而是“海运”。也就是说，这是一种分摊在海运中产生的利润和风险的制度。

一直以来，汉萨同盟的研究者都认为船舶共有制度不如海上保险先进。他们认为地中海地区的海上保险更接近近代保险制度。

不过，这种观点是否妥当呢？在中世纪，概率论尚未普及，大数定律也尚未被发现，所谓的海上保险，其实也没有准确的风险计算。我认为，在中世纪，汉萨同盟的船舶共有制度让航海活动的主要执行人（船长）也成了“份额持有人”，让他承担一定的责任，是更有效的风险分散方法。

中世纪和近代的企业形态有着根本差异，我们不能用后世的标准衡量以前的情况，武断地认为“越接近近代的方式就越先进”。

近代企业的诞生

那么，近代企业是什么时候诞生的呢？换句话说，企业是从什么时候起具有永续性的呢？这个问题很难回答。在不同国家、不同行业，近代企业产生的时间可能相差很远。如果只谈海运业，在 19 世纪下半叶，国际上的定期航线形成了。真正意义上的近代保险也出现在这个时期。

后面还会详细介绍，蒸汽轮船的出现让定期航线的规模扩大，船只的数量也迅速增加。与航海有关的数据越来越多，大数定律真正开始起了作用，表示“事故发生的可能性有多大”的事故率也有了实际的意义。

有趣的是，从 19 世纪起，大数定律逐渐被视作社会的基本法则。比利时数学家、社会学家阿道夫·凯特勒（1796—1874）以“社会物理学”的名义，考察犯罪率、结婚率、自杀率等，指导国情调查，被称为“近代统计学之父”。由此，人们意识到，在人类行为中存在某些法则。

1838 年，泊松分布被发现。泊松分布描述了一段时间内随机事件（如交通事故）概率的分布，是近代保险业的基础。不过，泊松分布被用于保险业又是很久之后的事情了。

哈雷彗星和人寿保险

在近代保险业中，和“概率”同样重要的还有“统计”。

从 17 世纪下半叶到 18 世纪，英国为了通过数据掌握国家、社会的情况，积极地尝试“政治算术”。借《政治算术》的作者威廉·配第（1623—1687）的话说，“数量、重量和长度”能展现社会的真实面貌。

这些“政治算术家”首先关注的是人口。配第的好友约翰·格兰特（1620—1674）统计了伦敦各个教区的死亡人数和死因，制作出“死亡率公报”，据此推算出伦敦的人口、可服兵役的适龄男性数量、育龄女性数量等，并发表了堪称政治算术开山之作的《对死亡率公报的自然和政治观察》（1662）。

当时，欧洲鼠疫肆虐，人们充满恐惧。制作“死亡率公报”是为了调查死亡人数多的地区，查明鼠疫的传播途径。身为医生的配第在著作《爱尔兰的政治解剖》中将国家比喻成身体，提出可以通过解剖（即数据分析）来发现、解决国家中存在的问题。

现在让我们将话题转回保险。

人寿保险比海上保险（损失保险）更便于统计。这两种保险的数据量差别很大：海上保险中船只遇难的概率因航线、天气而不同，很难积累有效的数据；而人寿保险针对的是人的生死，假设城市中有10万人，那么只需一年就能获得相当数量的数据。

在17世纪下半叶的英国，人寿保险公司已经出现。但当时还没有计算保险费的明确根据，因此保险更像是一种赌博。

为近代人寿保险打下基础的是英国天文学家埃德蒙·哈雷——“哈雷彗星”就是以他的名字命名的。

哈雷不仅发现了哈雷彗星是每76年出现一次的周期彗星，还是地磁场观测、信风和气压研究的先驱。他还是牛顿的好友，牛顿的著作《自然哲学的数学原理》就是在哈雷的敦促和支持下完成的，甚至连出版费用都是哈雷承担的。

哈雷为人寿保险业做出的贡献完全不逊于以上成果——他编制了“生命表”。有了生命表，人们可以根据某个群体的人口、年龄、死亡人数等数据，计算出死亡率和平均剩余寿命。直到今天，人寿保险业也离不开生命表。

1693年，哈雷根据教会的记录，首次编制出生命表。由此人们才明白，看似孤立且毫无规律的个人的死亡，放到群体中看就会呈现某种规律，而且，只要掌握了某地的人口、居民构成、人均死亡年龄等，就能推算出具体的某个人大致能活多少年。

哈雷编制的生命表是从配第、格兰特的研究方法发展而来的。因此，说政治算术是近代人寿保险的源头之一也不为过。

从咖啡馆到世界保险业巨头

大概在1688年，伦敦有一家咖啡馆开业了。不久后，它搬到了金融街——朗伯德街，经常有商人和船员光顾。这家名为“劳埃德”的咖啡馆就是世界保险业巨头劳合社的前身。

在16世纪至17世纪，欧洲人形成了喝咖啡的习惯。

18 世纪的劳埃德咖啡馆（来源：TopFoto/Aflo）

17 世纪下半叶，英国已经有了很多咖啡馆，并且很受欢迎。咖啡馆不仅是喝咖啡的地方，还是交换小道消息的场所。为了吸引顾客，咖啡馆在墙上贴满了商品广告、寻人启事，还摆着商品样品。这里被用来开展宣传活动，也是政治和经济活动的舞台，还对报纸和杂志的发展产生了很大影响。

金融街上的劳埃德咖啡馆举办过船只拍卖，还将客人带来的最新船舶信息整理成《劳埃德新闻》（《劳埃德船舶日报》的前身）出版发行。

渐渐地，劳埃德咖啡馆里聚集了一批个体保险商。他们被称为“underwriter”，承接保险业务。对海上保险业来说，及时又准确的资讯比任何东西都重要。不久后，劳埃德咖啡馆里的保险商联合起来，组建了劳合社。1871年，劳合社取得法人资格，成为保险社团组织。

18世纪，劳合社基本垄断了英国的海上保险业务。到了19世纪，劳合社成了世界上最大的海上保险组织。尽管在阿姆斯特丹和汉堡也形成了海上保险业，但19世纪最便利、承保金额最大的保险机构无疑是在英国。

劳合社的优势在于“再保险”。保险公司也需要保险。比如，在发生重大自然灾害或事故时，由于风险太大，单个保险公司往往难以应对。为了分散这种风险，保险公司会购买其他保险公司的“针对发生重大事故时所支付保险费的保险”。通过再保险，保险公司能够承保的范围更大了。

总结一下，近代保险业的形成离不开以下几点：费马和帕斯卡创立的概率论；政治算术等社会统计思想及实现这种思想的调查方法——统计学的发展；具有永续性的近代企业。

海上保险业的形成则离不开蒸汽轮船以及随之而来的

定期航线，这使得航海的规模扩大了。

在 18 世纪到 19 世纪的英国，以上条件已经成熟，因此，才在伦敦诞生了劳合社这样的海上保险业巨头。

8

大英帝国因为擅长借钱而兴盛吗

国家的借款越少越好吗

财政赤字对国家来说是坏事吗？突然被问到这个问题，恐怕许多人都会挠头。

近代经济学推崇“预算平衡”——收入与支出相当，没有借款。2017年，日本政府的累计负债已达1000兆日元。如果以家庭收支来打比方，这就好比年收入是577万日元，却需要归还借款235万日元。这种状态无论在谁看来都肯定说不上好。

如果我们不看现代，从世界史的角度思考“国家与借款”的问题，会怎么样呢？

可能有点意外的是，强大的大英帝国曾是借款大国。

甚至可以说，正是因为擅长归还借款，英国才成了一个强大的国家。

深陷战争、财政困难的欧洲

不仅是英国，近代欧洲各国都曾为借款头痛不已。这种情况的首要原因就是战争。

近代欧洲的最大特点是战争连续不断。狭小的欧洲没能形成统一的帝国，各地势力几乎一直在争斗。15 世纪，军事革命之后，枪炮被投入战场，各国军费飞跃式上涨。

时间	战争总支出	债务率（%）
1688—1697	32643.8	33
1702—1713	50685.0	31
1718—1721	4547.3	0
1739—1748	43655.2	31
1756—1763	82623.7	37
1776—1785	87599.6	40
1793—1815	831446.4	26

表 1　18 世纪英国的战争支出（单位：英镑）和债务率

为了维持庞大的军事开支，各国不得不大量借款。然而，找到新的财源可没有那么简单，许多国家为了还款甚至不得不卖掉领土。法国大革命（1789）爆发的一个重要原因就是战争导致的财政困难。

不过，有一个国家尽管背负了巨额债务，却成功避免了财政崩溃。这就是英国。

从17世纪下半叶起，英国的借款以惊人的速度增长。据说，到了1788年，英国政府的借款已达名义GNP（国民生产总值）的约1.8倍。这些借款全部用于战争，尤其是与法国的战争。1689年，光荣革命后，法国介入了英国的王位之争。直至拿破仑战争结束（1815），两国之间的战争持续100多年，被称为“第二次百年战争”。

英国不断借款，仍然成了强大的国家，法国的波旁王朝却陷入了崩溃的境地。两国之间的差异到底在哪里呢？

英国的消费税和法国的土地税

研究英国历史的学者约翰·布鲁尔提出，18世纪的英国是“财政—军事国家”。换句话说，英国为战争借了大量外债之后，维持了财政的合理运行，成了强大的

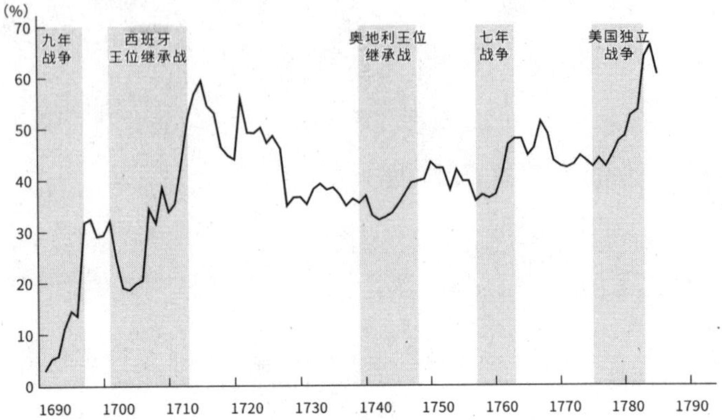

图表 1　国债在税收总额中所占比例

战争国家。

与法国相比，英国的税收负担要重很多。法国的人口是英国的 2 倍至 4 倍，税收收入理应比英国更多才对。

英国的借款更多，却在法国发生了革命，英国不但没有发生革命，还奠定了日后繁荣的基础。两国之间的差异是什么？答案是税收制度。法国的税收以土地税等直接税为主，英国的税收则以消费税等间接税为主（见表 2）。

英国的消费税所占比例的增长也与借款有很深的关系。每当发行新的长期国债，为了支付利息，英国都会提高关税、消费税、印花税等间接税。

年度	直接税		间接税		其他	
	英国	法国	英国	法国	英国	法国
1715	27	61	69	34	4	5
1720	26	—	69	—	5	—
1725	20	48	76	47	4	5
1730	24	48	73	47	3	5
1735	17	59	81	37	2	4
1740	26	48	73	47	1	5
1745	32	57	66	39	2	4
1750	28	—	71	—	1	—
1755	21	46	76	45	3	9
1760	26	—	72	—	2	—
1765	22	54	75	42	3	4
1770	18	50	75	45	7	5
1775	18	49	77	47	5	4
1780	21	45	73	51	6	4
1785	18	48	76	46	6	6
1790	17	38	75	51	8	11

表 2　英国、法国的直接税和间接税在税收总额中所占比例（单位：%）

这种以消费税为主体的税收制度成就了英国。

英国的消费税谨慎地避开了生活必需品，主要向奢侈品征收——如啤酒、煤炭、肥皂、皮革、玻璃等。国民收入提高后，生活必需品的消费量不会再增加太多，提升生活质量的奢侈品的消费量却会大大增加。如果向奢侈品征收消费税，那么在经济增长时，税收的增长率可以超过国民收入的增长率。用经济学的语言来说，英国向需求价格弹性高的商品征税，从而增加税收。

与之相比，法国是怎么做的呢？从 17 世纪初到 18 世纪初，法国的支出大幅增长。其主要原因与英国相同，也是因为战争。从 17 世纪到 18 世纪，法国曾经多次不履行债务，财政政策极为混乱。

法国之所以会财政崩溃，是因为丧失了信用。法国的负债比英国少，但需要支付的利息在税收收入中所占的比例高于英国。这是因为法国由于多次不履行债务，已经丧失了信用，只有给出更高的利率才能筹集到资金。

法国税收的主要来源是土地税。与消费税不同，土地税的增长率很难超过经济的增长率。而且，法国土地的三成到四成归贵族和神职人员所有，他们享有免税的特权。

这种不公平让法国国民更加觉得自己在被剥削。

在 1815 年拿破仑战争结束后，法国才放弃了旧时以土地税为核心的财政制度，转为近代国家财政制度。从增加税收收入的角度来看，法国的财政制度远远逊色于英国。

决定胜负的泡沫事件

18 世纪初期，英法两国几乎同时发生了著名的泡沫事件。英国发生了南海泡沫事件（这也是“泡沫经济”一词的来源），法国发生了密西西比泡沫事件。两个事件的开端和崩溃的过程都非常相似，最终的结局却很不相同。

让我们简单地看看事件的经过。英法两国的泡沫事件都由处理战争借款而起。

1711 年，英国南海公司成立了。英国在西班牙王位继承战争中获胜后，为了在拉丁美洲进行贸易，成立了这个公司，主要从事从非洲到西印度群岛的奴隶贸易。其实，英国成立南海公司的真正目的是偿还债务——由于西班牙王位继承战争，英国的债务已经从 1600.4 万英镑涨到了 5300.7 万英镑，暴涨了 3 倍多。

南海公司没能从奴隶贸易中获得预想的高额利润，不久后，就开始把处理政府债务作为主要业务。具体的做法是，将国债转换成南海公司的股票，从而为政府融资。

1720 年，英国政府宣布，除英格兰银行和东印度公司持有的国债外，将其余所有国债（约 3000 万英镑）全部转换成南海公司的股票。同年 5 月前后，南海公司的股价飙升到了法定平价的 5 倍左右。但是，仅仅几个月之后，股价便跌回了原来的水平，之后又继续下跌，最终泡沫破裂了。

法国密西西比泡沫事件的主人公是苏格兰出身的企业家约翰·劳。

1717 年，约翰·劳获得了密西西比公司的经营权，计划与密西西比河流域的法国殖民地（法国当时在北美路易斯安那等地拥有广阔的殖民地）展开贸易。约翰·劳在扩大密西西比公司的同时，还成立了拥有货币发行权的皇家银行。

约翰·劳的目的是消除法国的财政赤字。他的想法是：法国皇家银行发行钞票，拥有特权的密西西比公司接受这些钞票，再将它们借给政府，政府以这些资金为本金来维持财政支出并偿还债务。后来，约翰·劳还发行了“不兑现纸币”（不能兑换黄金的纸币）。

密西西比公司没有实际业绩支撑，股价却在 1719 年从 500 里弗尔暴涨到了 1 万里弗尔。但是第二年股民的信心下跌，到了 1721 年，股价又暴跌回了 500 里弗尔。约翰·劳不得不逃离了法国。

从上述的过程来看，两个泡沫事件非常相似。

但是两国最终的处理方式却大相径庭。

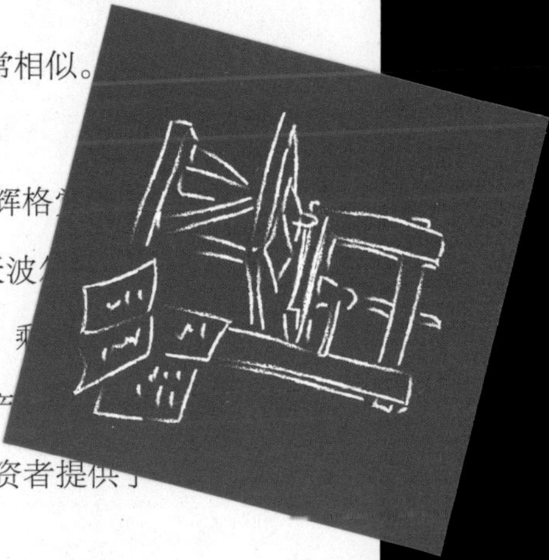

在英国，负责处理南海泡沫事件的是辉格

伯特·沃波尔（1676—1745）。1721 年，沃波

首先将南海公司欠政府的债务减免一半，乘

过没收公司理事和被弹劾的政治家的财产

兰银行负担等方式来解决。同时，还向投资者提供

补偿。

这里有一点很重要，沃波尔带领执政党辉格党采取的一系列措施得到了议会的支持。在英国，财政部和议会几乎可以说是一体的，双方围绕预算案几乎从来没有过争执。同时，国债的偿还还得到了议会的担保。

此外，南海泡沫事件之后，英国以英格兰银行为中心进行了财政制度的统一。这种政府、议会、中央银行相互联结的公债制度（资金筹措制度），成了英国在借款增加的同时还能成功筹措战争资金、维持财政运转的秘密武器。

相比之下，法国在密西西比泡沫事件之后的财政改革仍旧不断失败。1774 年，被任命为财政总监的雅克·杜尔哥试图限制贵族和神职人员的免税特权，但遭到贵族的强烈抵制，仅仅两年就被迫辞职。继他之后，中产阶级出身的银行家雅克·内克尔在大革命后负责国家财政，发行了“指券”，但最终以严重的通货膨胀而告终。

英法两国不同的处理方式不仅影响了财政，还影响了整个国家的经济发展。

这期间一个重要的影响因素是荷兰。荷兰在 17 世纪迎来黄金期，成了欧洲经济最发达的国家。尽管在多次战争（如英荷战争）之后，荷兰的地位在不断下降，但在金融和投资方面，阿姆斯特丹依然是欧洲金融市场的中心，欧洲的金融信息都集中在这里。

在南海泡沫事件中也有荷兰人的身影，股价异常暴涨的背后就是成功抛售南海公司股票的荷兰投资人。与荷兰人在金融方面的丰富经验相比，英国人可以说是彻头彻尾的初学者。

事实上，荷兰的资金也曾大量流入法国。但在约翰·劳的财政政策失败后，荷兰向法国的资金输出就基本停止了。相反地，在南海泡沫事件后，荷兰向英国的资金输出迅速增加。当时，伦敦和阿姆斯特丹之间每两周就有一艘邮船往返。无论是在信息方面，还是在金融方面，两个国家的联系都非常紧密。

总之，荷兰的资本已经对法国丧失了信心，而英国却因对泡沫事件的处理获得了资本的信任。与人们通常的认知不同，南海泡沫事件反而对英国经济起到了积极作用。

胜利的关键在于筹措战争费用的能力

从 18 世纪到 19 世纪，欧洲各国陷入了无止境的战争中，最后取得胜利的是英国。

近代战争的规模并不算大，武器也没有很大的技术革新。英国能够取胜，并不是因为在军事上具有压倒性优势。

当时，英国海军采用的是“强制征兵”这一相当粗暴的征募方式。战争爆发时，海军会强制征募船员，人们好好地走在街上，就可能突然被拉到船上去。他们当中有不少流浪汉，因此，我们现在还可以看到战争爆发后失业者减少、犯罪率下降的报告。这样看来，很难说英国海军士兵的素质很高。

那么，英国的强项到底是什么呢？起到决定性作用的是经济实力和财政实力。要在战争中取胜，就必须坚持战斗到最后。这听上去似乎理所当然，但士兵需要吃饭，弹药需要补给，这一切都需要财力支撑。一旦财政崩溃，就无法继续战斗下去。

因此，战争的胜利者必然是能够成功筹措资金的国家。当时，英国发行公债以筹措战争费用，然后长期返还，正是这种制度让英国成了欧洲最强大的国家。

最重要的不是借款金额的大小，而是能否按时足额还款。在这个方面，现代日本做得怎么样呢？

9

棉花如何见证了
亚洲与欧洲的大逆转

改变历史的商品

如果说存在“改变历史的商品”，那么棉花无疑是其中之一，因为棉花大大改变了亚洲与欧洲在世界经济中的关系。

据说，棉花最早被种植是在公元前28世纪的印度西部。不过，棉花种植的传播速度较慢，直到距今1000年前左右，都只有东南亚、非洲和欧洲的部分地区在种植棉花。

在这些地区中，印度是最主要的产地。根据考古研究，公元前1世纪时，印度的棉花就已经出口到了埃及等红海周边地区。从那时起，直到19世纪，印度都在出口棉花。

北非与印度西岸之间的贸易在11世纪至12世纪达到了顶峰。不仅如此，在印度尼西亚的苏拉威西岛也出现了印度产的棉织品。也就是说，当时印度棉织品的传播范围很广，已经到了印度洋的东西两岸。

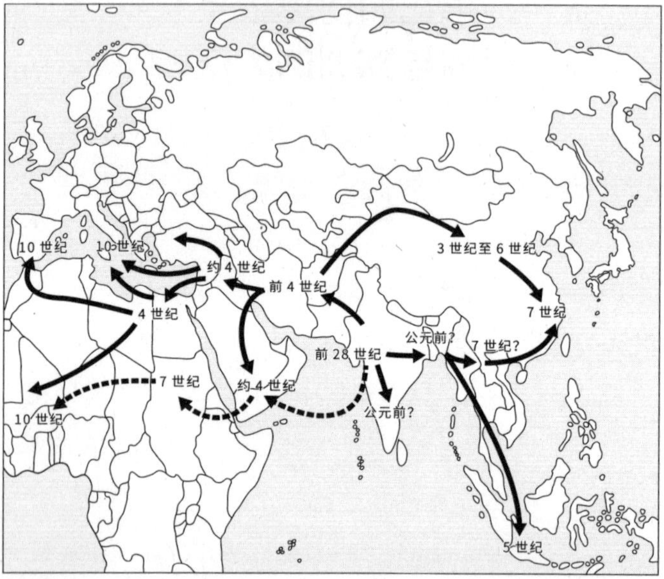

示意图 1　棉花种植的传播

不断扩张的印度棉织品市场

随着时代不断发展，印度棉织品的传播范围也在不断扩大。15 世纪末，欧洲商人绕过好望角，进入了印度洋。他们亲眼看到了印度市场上丰富的商品和庞大的商人群体。这里聚集了来自四面八方的商品，贸易体系也比欧洲更精密、复杂。

当时，印度的孟加拉地区是棉织品生产中心。从这里出产的棉织品有20种左右，既有廉价品，也有做包头巾用的上等棉织品。17世纪，阿拉伯人、帕西人（居住在印度的拜火教教徒）、土耳其人、阿比西尼亚（今埃塞俄比亚）人等都参与到了棉织品贸易中。印度的棉纺织业者可以根据商人的需求，生产出各种商品，供他们销售。这在当时的欧洲根本无法想象。

17世纪，印度贸易圈已经扩展到了东南亚。古吉拉特（位于印度西北部，靠近现巴基斯坦边境）的商人渡过印度洋，到达了马六甲。两地之间的联系非常紧密，甚至有"坎贝（古吉拉特商人的港口）和马六甲离开对方就无法繁荣"的说法。毫无疑问，这个时期的印度已经出现了世界级的贸易圈，其规模甚至可以与最强大的明朝和清朝相匹敌，欧洲更不在话下。

欧洲人想要的印花布

印度的印花布（一种平织的棉布）在中世纪后期就传

入了欧洲。顺便一提，“印花布”（calico）一词就是印度港口卡利卡特（Calicut，现科泽科德）这一地名的讹传。文艺复兴时期，威尼斯商人和热那亚商人就向黎凡特（叙利亚、黎巴嫩等中东地区）的商人采购轻薄又保暖的印度印花布。

然而，要与欧洲实现贸易往来，就必须经过伊斯兰世界和印度洋，横跨广阔的欧亚大陆。因此，对印度来说，欧洲不过是一个偏远的市场，传入欧洲的印花布不过是印度输出到各地的棉织品中极小的一部分。

17 世纪，欧洲商人终于可以直接出入印度洋了。印度的棉织品首先传入西班牙，接着传入欧洲其他地区。

让欧洲商人困扰的是，欧洲各国完全没有可以向印度输出的产品，与印度形成了彻底的贸易赤字。发现这个问题之后，欧洲各国开始限制印度棉织品的进口。1700 年，英国颁布了《印花布进口禁止法》，此后，除荷兰外，欧洲的主要国家都在法律中做了相似规定。

荷兰是个例外，从印度进口棉织品后，再转手出口到本国的殖民地和非洲。事实上，欧洲各国尽管表面上禁止了印花布的进口，但很难阻止棉织品的走私以及从其他欧洲国家的流入。

在当时的欧洲，棉织品是新奇时髦的舶来品。棉花易于染色，印度的染织技术发达，生产出来的棉织品色彩缤纷，在欧洲大受欢迎。

耐用的毛织品的使用寿命是棉织品的 2 倍，因此，直到 18 世纪，英国在衣物原料中需求量最大的是欧洲原产的亚麻。

亚麻产自中欧的西里西亚（现波兰、捷克）等地。亚麻还可以用来制作船上的帆布和绳索等。亚麻布尽管穿起来不太舒服，但胜在耐用，因此被广泛用来制作衣物。令人意外的是，亚麻布通过法国和葡萄牙传入西非，也成了非洲奴隶的衣物原料。

棉织品则与毛织品不同，棉布无论洗多少次都比亚麻布穿起来更舒服，而且无论是在热带地区还是在极寒地区都能使用。因此，不久后欧洲也开始了棉织品的制造。

难以超越的印度

在教科书上通常写着："工业革命后，英国的纺织业实现了机械化，大批量生产成为可能。英国的廉价机织棉布给印度古老的棉纺织业带来了巨大冲击。”大体的确如此，但英国的棉织品要战胜印度并没有那么简单。

众所周知，英国工业革命始于曼彻斯特的棉纺织业。曼彻斯特一带从 16 世纪下半叶起就是有名的棉麻粗布产地，而且离欧洲重要的奴隶贸易港利物浦只有几十英里[1]。可以说曼彻斯特的工业发展状况与利物浦的贸易状况紧密联系在一起。

直到 18 世纪 30 年代中期，曼彻斯特的棉纺织业都还只是面向国内市场的手工业。在棉织品的质量上曼彻斯特也远远无法与印度竞争，因为当时曼彻斯特产的是亚麻和棉花的混纺布。

18 世纪 50 年代，曼彻斯特的棉织品产量大幅增长。棉织品出口额占全国出口额的比例从 1750 年的 48% 上涨到了 1774 年的 86%，主要出口地是西非。不过，当时英国的染织技术还不成熟，无法像印度那样生产出色彩丰富的棉织品。

此时法国也开始了棉织品的生产。虽然法国的棉织品

[1] 1 英里≈1.61 千米。——译者注

产量不及英国，但法国有许多人前往印度学习染织技术，因此在染织方面法国达到了能与英国对抗的水平。

总之，欧洲虽然试图抵制印度的棉织品，但一直没能成功。

重要的是，即使是在工业革命以后，英国的棉纺织业也没能超过印度。

为了发展棉纺织业，英国人发明了许多新的机械，比如约翰·凯伊的飞梭（1733）、哈格里夫斯的珍妮纺纱机（1764）、阿克莱特的水力纺纱机（1769）、克伦普顿的走锭精纺机（1779）和卡特莱特的动力织布机（1785）等。

和印度的手工纺织不同，英国有了工厂制度。英国的棉织品产量从1770年到1790年增长了10倍，随后的一两年里又增长了10倍。然而，直到19世纪20年代，英国的棉织品产量还是低于印度。

全球性的生产体系

除了技术革新和工厂制度外，英国棉纺织业与印度棉纺织业还有一个决定性的差异，那就是英国本身并不产棉花。这一点也成了英国全新生产体系的关键。

	旧的棉纺织业体系	新的棉纺织业体系
	约 1000—1750	约 1750—2000
制造中心	印度	欧洲西北部
贸易	长距离但碎片式， 在海洋周边	长距离且全球化， 包括大西洋和太平洋
竞争	替代出口地产品， 但不至于毁灭出口地产业	进口减少， 毁灭出口地产业
产品	客户定制化	标准化，时尚化
资源	基本来自本地	从他国进口

表 1　新旧棉纺织业体系对比

以英国为代表的欧洲北部国家气候寒冷，完全不适合棉花种植，要发展棉纺织业，只能从欧洲以外的地区进口棉花。

为此，英国建立了全球性的生产体系。这个体系的原型来自砂糖贸易。

在大西洋贸易中，欧洲人从西非向美洲新大陆运送奴隶，让他们在那里生产砂糖。葡萄牙在巴西、荷兰在加勒比海上的殖民地、英国在西印度群岛、法国在海地都大力发展种植园农业，向阿姆斯特丹、汉堡、波尔多等港口运送砂糖。

英国人将这种模式应用到了棉纺织业上。他们让西印度群岛和北美殖民地南部的奴隶种植棉花，然后在英国本土加工，生产棉织品。

为什么只有英国成功地建立了这种棉织品生产体系？简单来说，因为英国是当时世界上最大的海洋帝国。英国从非洲向美洲新大陆运送奴隶，在新大陆种植棉花，然后运回本国加工，最后向亚洲销售。这整个过程都能通过英国自己的船只和英国控制下的港口完成。从生产、运输到海上保险，英国都能靠自己的力量完成。

进一步说，17 世纪时英国就已经将势力扩展到了印度，英国人清楚地知道印度棉纺织业的发达。机械化和工厂化不仅是欧洲科学技术发展的结果，更是降低生产成本的迫切需求。欧洲人口少于印度，因此必然会面临工人工资（即生产成本）高的问题。英国要想与印度的棉纺织业对抗，通过机械化来提高效率可以说是必然的选择。

英国成功实现了棉织品的机械化生产，成为世界上第一个工业国家。本来，英国一直是印度印花布的进口国，但到了 19 世纪，印度已经成了英国棉织品的进口国。

1820年，印度进口英国棉织品1100万码[1]，到了1840年，已经激增到1亿4500万码。

需要再次强调的是，发生这样的大逆转的前提是欧洲建立了不同以往的全球生产贸易体系。说到国力，有“制造业强国”之称的日本总会将目光集中到工业水平上，但大英帝国的强大之处在于将生产贸易体系和工业水平结合了起来。

[1] 1码≈0.91米。——译者注

10

为什么“保持中立”让美国成了世界大国

不可思议地兼顾战争和贸易

近代欧洲的两大关键词是“战争”和“海外贸易”。但认真思考一下就会发现，要想二者兼顾可没有那么简单，因为交战的国家必然会阻挠彼此的贸易。

比如，1581年荷兰宣布脱离西班牙独立后，西班牙禁止与荷兰的贸易，扣留荷兰船舶。17世纪英荷战争时，英国也采取了一系列措施封锁荷兰港口、扣留荷兰船舶。

然而，欧洲在战争不断的同时，从海外输入了大量物产（如砂糖、咖啡、茶等），实现了经济发展。

欧洲如何做到战争和贸易二者兼顾呢？秘密在于“中立国”和“中立城市”。

比如，英国和法国交战时，英国的商船很难向法国运送商品。因为在战时，交战国的商船很可能被扣留。

不过英国的商品还是能运送到法国——使用中立国的商船就可以了。还可以在英国的商船上挂中立国的国旗，这样也会被视为中立国的商船。

此外，虽然战时安特卫普等商业城市经常被占领，但贸易从不曾中断，安特卫普的商人以及停在那里的船只会转移到别的城市继续进行商业活动。

在以往的研究中，以西班牙、荷兰等单个国家，或安特卫普、热那亚等单个城市为对象的研究是主流。但这样的研究方法很容易只见树木不见森林。比如，在研究法国时，就可能得出“法国大革命和随后的革命战争导致了法国的贸易大幅衰退”的结论。然而，从欧洲整体来看，法国的贸易并没有停滞，法国商人去了其他国家的城市，等到法国的港口变得安全时，还会再回来——这种思考角度成了当今西方史研究的主流。

在欧洲历史上，“中立”是17世纪初产生的概念。战时通过中立国、中立城市或替代港口继续贸易活动，这在亚洲是没有的，可以说是近代欧洲特有的现象。了解了这一点，就能理解近代欧洲能在战争的同时发展经济的原因了。

中立城市汉堡的辉煌

首先要说的典型的中立城市，是1618年至1868年长期保持中立的汉堡。汉堡是位于易北河入海口的港口城市，曾经与吕贝克、不莱梅同为汉萨同盟的核心城市。尽管汉堡并不面向大海，但这里至今设有国际海洋法法庭，见证了它作为港口城市的历史。

汉堡能够繁荣的原因之一是对外国人采取包容政策。让不同地域、不同宗教信仰的商人自由地进行贸易，这是成为国际化商业城市的必要条件。这一点阿姆斯特丹做得很好，16世纪末到17世纪，阿姆斯特丹作为当时欧洲最大的商业城市，甚至还建有犹太教堂。

宗教改革后，汉堡属于路德派，与英国的联系非常紧密。英国人、荷兰人和从伊比利亚半岛来的商人（包括塞法迪犹太人）都来汉堡做生意。在16世纪至17世纪，汉堡的人名簿中已经出现了葡萄牙人和西班牙人的名字。而且，据说在汉堡的葡萄牙中介人的数量已经超过了阿姆斯特丹。

此外，中立政策也是汉堡的优势。1568 年至 1648 年，欧洲最强的商业国家荷兰为脱离西班牙进行了独立战争，这场战争被称为“八十年战争”。由于战争，荷兰在 1621 年至 1641 年中断了与葡萄牙及其殖民地之间的贸易，在 1621 年至 1647 年中断了与西班牙及其殖民地之间的贸易。

在此期间，汉堡成长为与伊比利亚半岛和美洲新大陆开展贸易的重要城市，尤其是在巴西的砂糖、钻石、靛蓝和胭脂红的染料、银等殖民地物产的流通方面，已经可以与阿姆斯特丹匹敌。

汉堡原本就与伦敦联系密切，甚至有“小伦敦”之称。17 世纪下半叶，英国与荷兰之间爆发战争。18 世纪，汉堡取代阿姆斯特丹，成为与伦敦对接的主要贸易港。从某种意义上说，汉堡的贸易网络帮助了英国扩张为海上帝国。

在战争不断的年代，汉堡作为中立城市，起到了“安全阀”的作用，成长为欧洲首屈一指的国际化商业城市。

拿破仑战争中的商人

18 世纪中叶起，汉堡的贸易额快速增长。在法国大革命和拿破仑战争期间，汉堡的贸易额有了进一步的飞跃。

1795 年，法国革命军占领荷兰，阿姆斯特丹的贸易与金融市场受到巨大打击。汉堡成了阿姆斯特丹的替代港。

有趣的是法国大革命对汉堡的影响。法国大革命前夕，从汉堡前往法国的船只数量明显增加，大革命后则大幅减少。而且，法国大革命期间，从汉堡前往英国的船只数量也有所增加。从英国前往欧洲大陆的船只中，最多的也是来自汉堡的船只。

法国大革命后，欧洲各国结成了反革命同盟，攻击法国革命政府。但随着法国的反攻，欧洲各国反而丧失了大片领土。这剧中的主角就是拿破仑·波拿巴（1769—1821）。

面对拿破仑，英国一直是反法同盟的核心。

1806 年，拿破仑占领了柏林，同年颁布了禁止与英国通商的大陆封锁令。这不仅是军事上的战争，还成了经济战。处在拿破仑控制下的欧洲各国只能服从。1810 年，汉堡也被拿破仑军队占领了。

面对这种情形，许多汉堡的商人逃到了中立国瑞典的贸易城市哥德堡。哥德堡位于斯堪的纳维亚半岛西部，由此掀起了一阵商业热潮。瑞典历史学家莱奥斯·穆勒将1807年至1815年这段时间称为哥德堡的“光辉岁月”。

但是，1815年，拿破仑在滑铁卢战役中败北，哥德堡作为国际贸易港的使命就此终结。汉堡复苏，与拉丁美洲之间的贸易额跃居世界第2位，还成了移民出航的重要港口，完美地搭上了19世纪全球一体化的快车。

拿破仑企图控制欧洲经济，从事国际贸易的商人则拼命想要维持自己的贸易网络。与英国的贸易对每个欧洲国家来说都不可或缺，拿破仑试图通过大陆封锁令，切断欧洲各国与英国的联系，但这在现实中很难实现。可以想象，走私活动必然会在暗中进行。拿破仑战争和大陆封锁令都没能阻止欧洲的商业活动，这很大程度上要归功于从事国际贸易的商人建立的“看不见”的贸易网络。

作为中立国的美利坚合众国

还有一个国家通过拿破仑战争获得了巨大利益，那就是刚刚独立的美利坚合众国。

1775年，美国独立战争爆发，次年，《独立宣言》发表。1783年，《巴黎条约》签订，美国的独立得到了国际社会的承认。

但独立对美国经济来说是一个巨大的挑战。在殖民地时期，美国所有的商业活动都在英国的法律、军队和商业网络的保护下开展。一旦独立，美国就失去了宗主国英国的保护。而且，战争让美国国内千疮百孔，贸易也跌到了谷底。

一般认为，让美国摆脱困境、奠定日后发展基础的是西部开发。但我想关注的是另一个侧面——海运业。

在殖民地时期，美国的造船业就已经相当发达。美国

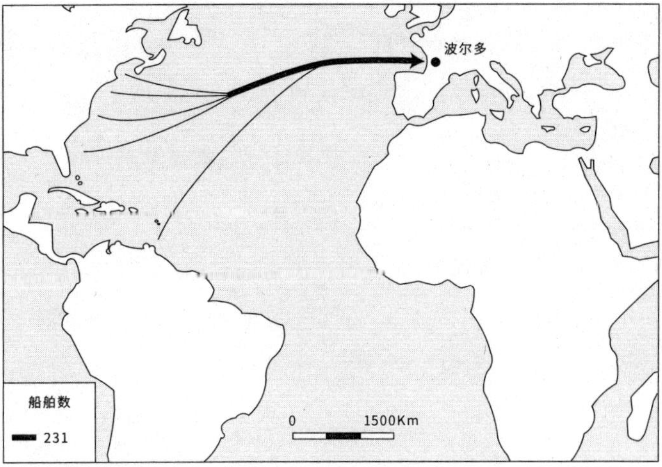

示意图 1　到达波尔多的美国船只航线（1791）

的优势在于丰富的自然资源，尤其是造船所需的木材。西欧各国都很缺乏木材，需要从波罗的海地区进口，而美国本土就有丰富的森林资源，完全能满足造船所需。

而法国大革命和拿破仑战争又为美国的发展添了一把柴。

对美国来说，在对英的独立战争中，法国是支持自己一方的同盟国。因此，美国当时的革命政府曾呼吁向法

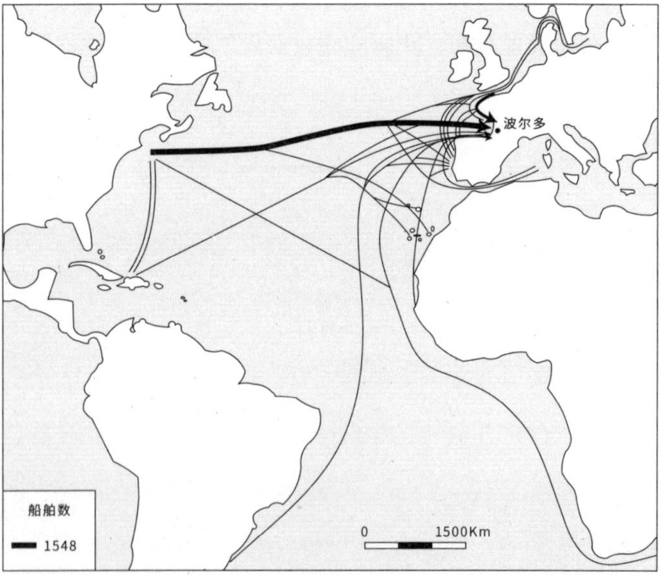

示意图 2　到达波尔多的美国船只航线（1795—1815）

国派遣外交官，搜捕英国船只。然而，美国第一任总统乔治·华盛顿（1732—1799）坚持了中立政策。1794年，美国与英国签订了《杰伊条约》，在此之后，即使是在法国大革命之后的战争时代里，美国仍与英国、法国双方都保持了贸易往来。美国的海运业借此机会迅速成长，纽约、费城、波士顿、巴尔的摩等东海岸港口城市也得到了发展。

最能体现这个时期美国与欧洲大陆之间贸易状况的是从美国前往法国西南部港口城市波尔多的船只数量。波尔多是著名的葡萄酒产地，18世纪时还是知名的贸易城市，大西洋贸易，尤其是从美洲新大陆进口砂糖的贸易非常发达。

示意图1和示意图2分别展现了1791年和1795年至1815年从美国到波尔多的海上航线。

1791年前后，美国船只主要还是在美国东海岸和波尔多之间往来。但在1795年至1815年，美国船只的数量迅速增加（1795年有351艘，达到顶峰），航线也变得复杂起来。这些船只从砂糖的原产地西印度群岛将砂糖运到欧洲大陆的各个港口，甚至还会绕过南美洲最南端的合恩角，穿过太平洋，再绕过好望角，去往地中海和波罗的海。

如果没有中立的美国船只，在法国大革命和拿破仑战争期间，欧洲可能就无法获取必要的物资。此外，美国船只也为加深欧洲与大西洋之间的联系做出了巨大贡献。

从贸易角度看门罗主义

从中立角度和经济角度来看，美国长期坚持的著名外交政策——门罗主义也展现出了不同的一面。

1823 年 12 月，美国第 5 任总统詹姆斯·门罗（1758—1831）发表了《门罗宣言》，宣布美洲大陆不受欧洲各国干涉，美洲对欧洲的战争保持中立。一般认为，这是体现了美国的孤立主义的外交宣言。

然而，我们不能忽视《门罗宣言》还对经济产生了影响。当时美国正向阿根廷、智利、秘鲁、哥伦比亚、墨西哥等拉丁美洲国家请求签订通商条约，企图获取最惠国待遇。从这个意义上说，《门罗宣言》也可以被认为是美国为了保护自己的海运业在美洲的发展而颁布的政策。

到了 18 世纪末，美国已经是世界第二大海运国，船只数量仅次于英国。在“中立”的背后，无疑隐藏着美国建立并保护属于自己的贸易圈的企图。

还有一点也经常被忽视——在国际贸易的大背景下看，美国所谓的“奴隶解放”也有另一面。

1862年9月，美国南北战争激战正酣，第16任总统亚伯拉罕·林肯（1809—1865）颁布了著名的《解放黑人奴隶宣言》。这一举措一方面是为了批判迫使奴隶种植棉花的美国南部各州，另一方面也是为了牵制美国南部棉花贸易的最大客户——英国。

不能忽视的是，身为世界第二大海运国的美国，一直在支持西班牙属古巴等地的砂糖贸易。古巴从19世纪40年代起成为世界上最大的砂糖产地，背后支撑它的是从非洲运来的黑人奴隶。古巴的奴隶制持续到了1886年。因此，从本质上看，美国的《解放黑人奴隶宣言》只是反对在国内使用奴隶，对运输国外奴隶生产的商品等行为没有任何限制。事实上，在此之前，反奴隶州的船只一直在运输古巴产的砂糖。

靠战争发财致富的中立国

日本人总是习惯将“中立”和“爱好和平”画上等

号。事实上，采取中立政策并不意味着反对战争，相反，它可能意味着通过战争来获利。对交战国来说，中立国的存在非常重要，因为交战国可以通过中立国继续贸易，向国民提供必要的物资。

为什么近代以来亚洲经济停滞，欧洲经济却取得了巨大发展？历史学界一直在讨论这个问题。我认为原因之一就是，欧洲各国利用了中立城市和中立国维持贸易，将战争的影响降低到了最小限度。

此外，欧洲各国还曾利用宗教战争驱逐异教徒。比如，新教徒商人、犹太商人曾被驱逐出天主教国家，被迫长途迁徙到其他地方——这也让欧洲商人的贸易网络得到了扩张。战争爆发时，这些商人会投靠亲友，在别的城市开展商业活动。在我看来，欧洲的“狭小”成了一种优势。正因为欧洲面积小，人们才可能在活动范围内形成诸多商业据点，并彼此独立。这在中国和伊斯兰世界的庞大帝国中是不可能实现的。在欧洲，即使商业网络中的某一个点因战争而崩溃，其他的点与点之间还能保持联系，整体的商业网络并不会被破坏。

11

蒸汽轮船中的世界史——马可为什么要去布宜诺斯艾利斯

“我们移民支持你！”

母亲从意大利的热那亚前往遥远的阿根廷首都布宜诺斯艾利斯工作，然而一年后音信全无。13 岁的少年马可说：“我要去美洲，找到妈妈。”

这是著名的《寻母三千里》的开头。之后，马可从热那亚乘坐轮船出发，在海上航行了 27 天，终于到了布宜诺斯艾利斯。他顽强地克服重重困难的故事已经被制作成动画片，被许多观众所熟知。

然而这里有一个问题——为什么马可的母亲要跑到遥远的布宜诺斯艾利斯工作？

《寻母三千里》这个故事出自意大利作家埃迪蒙托・德・

亚米契斯（1846—1908）的《爱的教育》，在1886年发表，当时正是“移民的时代”。

19世纪，欧洲各国通过工业化（工业革命）实现了经济的高速增长，但也有许多地区没能享受到工业化的成果。欧洲人口密度高，工资上涨慢，而在人口密度低的新大陆，工资上涨很快。当时欧洲移民的首选目的地是美国，巴西、阿根廷也有大量移民流入，原因自然是那里的工资高。

到达布宜诺斯艾利斯后，马可得知母亲的雇主一家已经搬到了科尔多瓦。从布宜诺斯艾利斯到科尔多瓦还有大概700千米的距离。这时，有位绅士告诉了马可关于母亲的消息，他说：“听我说，意大利的小伙子，拿着这封信到博卡去。从这里走路去博卡差不多需要两个小时，那里的人大概有一半是热那亚人。”

马可到达博卡后，看到了往返不停的“几千艘蒸汽轮船”，操控这些船的都是热那亚水手。

后来，在一个名叫罗沙里欧的小镇，马可已经身无分文。马可在船上认识了一位来自伦巴第的老爷爷，老爷爷把他带到了自己住的旅店。这家旅店名叫“意大利之星”，住着许多意大利移民，他们纷纷表示“我们移民支持你！”“大家都是同一个国家的人”，帮马可筹齐了旅费。

这些人都是为了得到更高的工资，才从欧洲来到了遥远的新大陆。如此大规模的人口迁移，没有蒸汽轮船是不可能实现的。

从帆船到蒸汽轮船的巨大变革

与之前的帆船时代相比，蒸汽轮船出现后，世界发生了翻天覆地的变化。那么，蒸汽轮船的优势在哪里呢？

事实上，我们并不能武断地说蒸汽轮船的效率就一定比帆船高。运输大量货物时，使用庞大的蒸汽轮船效率更高，但短距离运输少量昂贵商品时，如果是在适合航海的区域和季节，使用帆船会成本更低。

而且，蒸汽轮船未必比帆船快，帆船在顺风时的速度也可以很快。

那么，蒸汽轮船最大的优势是什么呢？是稳定性。

没有风，帆船就无法前行。而且，帆船的航行速度受天气影响很大，走同一条航线，有时只需要一天，有时则需要十天都不止。

而且，一艘船的延误可能会引起连锁反应。比如，A

船原定10月1日到达某港口，在那里将货物转到两天后出发的B船上，这样B船就能在10月10日将来自A船的货物运到C港口。然而，天公不作美，A船没能按时到达，10月5日才到达该港口。这样自然就赶不上B船了，只能等待下一艘前往C港口的D船，而等待D船又需要一星期的时间。

目的地越远，需要转运的次数就越多，相应地，无法按时送达的风险也就越大，货物几乎不可能按时到达目的地。这就是帆船时代的物流情况。

蒸汽轮船出现后，这种现象急剧减少。蒸汽轮船不受风向的影响，可以确定航海所需天数。商人可以据此制订更精确的计划，这对他们非常有利。

此外，到了蒸汽轮船的时代，船体必然会越来越大。蒸汽轮船上引擎系统所占的空间就有整个船体的三分之一，除此之外，船上还需要放置燃煤的空间。因此，不把船体做大，就无法实现蒸汽轮船的高效利用。

越来越大的港口

港口也发生了巨大的变化。帆船时代的港口只要能停船就可以了，沿岸有一些傍港小镇，人们从这里出航远行。蒸汽轮船则不同，由于船上能装载的燃煤有限，装载太多燃煤会让船体变重、影响效率，因此，需要在港口设置存放燃煤的基地。而且，蒸汽轮船的船体比帆船大，港口也需要相应扩大。蒸汽轮船的出现，使港口城市不可避免地变大了。此外，港口设施的建设费用也迅速增长，如此巨额的基建投资不可能像以前那样由商人完成，需要国家的参与。

在近代的葡萄牙和荷兰，商业活动的主角是商人，而不是国家。但在英国，国家对商业活动的参与程度很高。

19 世纪下半叶是帝国主义的时代，世界各地都能看到蒸汽轮船的身影，港口的建设也成为关系帝国命运的重要事业。殖民地遍布全球的英国成功控制了国际航线上的主要港口。

此外，以往的国际贸易大多由不同地区的商人像接力一样开展，但进入蒸汽轮船时代后，就不需要这样了。比如，英国的船只在印度的港口装货后，可以直接将货物运送到英国。也就是说，英国已经垄断了国际运输所需的基础设施。在国际贸易中，运输非常关键。垄断了运输设施的一方在价格的交涉、商业规则的制定上处于非常有利的地位。

蒸汽轮船让世界成为一体

进入蒸汽轮船时代后，世界真正成了一个整体，最明显的表现就是航线规模的扩大。

示意图 1 是 19 世纪中期英国 P&O 邮轮公司运营的邮船航线。从图中可以看出，P&O 邮轮公司已经和中国建立了联系。英国的蒸汽轮船定期经由斯里兰卡的加勒去往澳大利亚的悉尼，此外还有船只前往中国。当然，这些航线

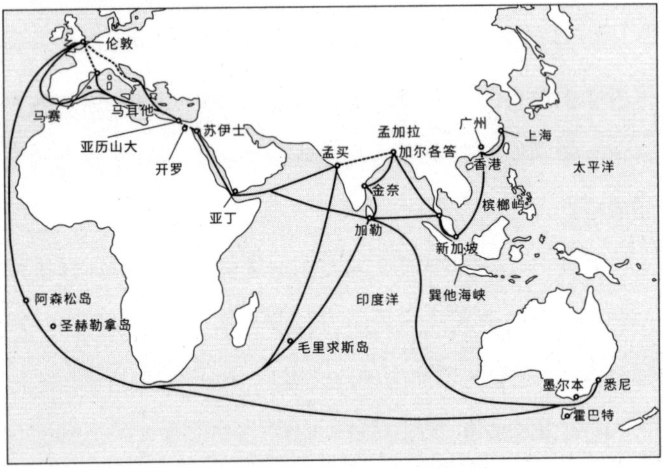

示意图 1　19 世纪中期英国 P&O 邮轮公司的邮船航线

并不仅用于邮政，还被用来运送乘客和商品。世界上的各个地区被英国蒸汽轮船的定期航线连成了一体。

19 世纪上半叶，英国的蒸汽轮船到达了上海。在此之前，中国传统的海上航行用的是帆船。鸦片战争后，中英双方签订了《南京条约》(1842)，开放了广州、福州、厦门、宁波、上海五处通商口岸，中国的帆船逐渐减少，蒸汽轮船增加。19 世纪下半叶，西方的轮船公司向中国扩张，通行量巨大的上海—宁波航线、上海—汉口航线都被英美的公司控制。

德国进入中国较晚。三国干涉还辽后，1898 年，胶州湾成了德国的租借地。汉堡轮船公司以青岛为据点，开通了前往上海、天津的航线。

1872 年，中国的清政府也成立了自己的轮船公司——轮船招商局。

1885 年，日本邮船公司成立了。轮船招商局和日本邮船公司是当时亚洲最大的两个轮船公司，和西方的公司展开了竞争。

表 1 和表 2 展示了当时各国进入中国港口的近海船和远洋船的吨位。在表中中国船的吨位在 1912 年大幅上升，

年度	美国船	英国船	德国船	日本船	中国船	总计[1]
1872	1633	1330	223	—	18	3303
1882	64	3956	257	—	2300	6679
1892	36	7220	371	98	3113	11240
1902	466	9789	2588	2455	4263	19749
1912	556	14103	1775	6930	6584	30144

表 1　进入中国港口的近海船（蒸汽轮船）吨位

年度	英国船	法国船	德国船	日本船	中国船	总计
1872	652	58	81	—	—	945
1882	1463	80	182	97	86	2023
1892	2439	124	363	218	147	3460
1902	3627	316	1024	1224	379	7224
1912	4931	600	1310	2991	2006	12848

表 2　进入中国港口的远洋船（蒸汽轮船）吨位

[1]　表 1、表 2 中的总计包括了表中所列国家船只以外的别国船只。——编者注

但这是因为1904年改变了统计方法，中国内地与香港之间的木造船也被记录了下来。

从表中可以看出，在近海航运中，大部分年份英国船的吨位是中国船的2倍以上，在远洋航运中，英国船也占有压倒性的优势。中国的主要交通网络被英国人掌握了，由此，中国的经济被世界远远地甩在了后面。

逐渐缩小的世界

除了航行的稳定性，蒸汽机的改良还让蒸汽轮船的速度大大提升。

表3根据芬兰海事史专家约里奥·卡奇南的数据制成，我们从中可以看出蒸汽轮船在怎样的程度上让世界缩小了。

简单来说，1820年，人类主要的远距离交通工具是帆船，到1860年变成了蒸汽轮船。如果从埃及的亚历山大港向伦敦传递信息，帆船时代需要53天，蒸汽轮船时代则缩短到了10天。从印度的孟买或加尔各答到伦敦所需要的时间则缩短了100天以上。在1860年，从布宜诺斯艾利斯到伦敦所需要的时间缩短到了41天，到了《寻母三千里》所处的时代，可能会变得更短了。

1869年，苏伊士运河开通，从伦敦到印度的航程变得更短了。而且，苏伊士运河只允许蒸汽轮船通行。

	1820年（a）	1860年（b）	a—b
亚历山大	53	10	43
马德拉	30	14	16
开普敦	77	39	38
孟买	145	26	119
加尔各答	154	39	115
香港	141	54	87
悉尼	140	53	87
瓦尔帕莱索（智利）	121	47	74
布宜诺斯艾利斯	97	41	56
里约热内卢	76	28	48
巴巴多斯	46	21	25
哈瓦那	51	19	32
新奥尔良	58	19	39
纽约	32	13	19

表3　各地向伦敦传递信息所需天数

此外，世界各地的商品价格和薪资待遇的差距也缩小了。

例如，利物浦和印度两地的棉花价格，1873 年相差 57%，而到了 1913 年只相差 20%。同一时期，伦敦和加尔各答两地的黄麻价格从相差 35% 变成了只相差 4%。这种现象的主要原因是蒸汽轮船出现后运输量变大，运输时间缩短，运输成本下降。

蒸汽轮船运输的不仅是商品。前面我们说过，19 世纪是移民的时代。大量的劳动力乘坐蒸汽轮船前往世界各地，谋求更高的薪资。从 1846 年起的 30 年间，欧洲与其他大陆之间的年均移民数量达到了 30 万之多。

随着移民数量的增长，从 1870 年到 1910 年，新世界（美洲）和旧世界（欧洲）的薪资差距缩小了 20% 以上。

《全球化与历史》的作者、经济史专家凯文·欧罗克和杰弗瑞·威廉姆森认为，从商品价格统一的角度来看，世界一体化始于 19 世纪 20 年代。他们的观点是，到了 19 世纪下半叶，商品和生产要素（劳动力、土地和资本）已经在世界范围内统一。第一次世界大战开始时，基本上已经没有独立在世界市场之外的地区了。

被归为“非正式帝国”的拉丁美洲

除了商品和劳动力，资本也超越了国家和海洋的界线，在全世界活跃。以英国为首的西方强国向贫困国家进行巨额投资，因为向贫困国家投资时收益率更高。

对英国来说，拉丁美洲是重要的投资地点。1826 年英国在拉丁美洲的投资额还只有 2500 万英镑，1895 年已经增长到 5 亿 5000 万英镑，1913 年达到 11 亿 8000 万英镑，相比 1826 年增长了近 50 倍。投资中所占比例最大的是公债，其次是铁路。说拉丁美洲的铁路是靠英国发展起来的也一点不夸张。

此外，拿破仑战争前，拉丁美洲产品的主要输出地是宗主国西班牙和葡萄牙，战后，英国成了最大的输出地。英国先进口拉丁美洲的牛肉、玉米、小麦、橡胶等，再出口到其他地区，从中获取利润。通过这种贸易，拉丁美洲的经济水平也有所提高。这也让越来越多的人像马可的母亲那样从欧洲去拉丁美洲工作。

英国在世界各地都拥有殖民地，被称为“日不落帝国”。但与印度、加拿大、澳大利亚等“正式帝国”不同，还有被称为“非正式帝国”的地区，即虽然不是殖民地，但经济、政治都附属于英国的地区。19 世纪的拉丁美洲无疑就是这样的“非正式帝国”。有意思的是，英国以外的其他西方列强都没有这样的“非正式帝国”。

其中的关键还是英国强大的海运能力。英国也许没有将某个地区作为殖民地占领，但由于垄断了商品的运输，英国仍然实际控制了当地的物流与经济。反过来说，原本隶属于西班牙的拉丁美洲各国纷纷独立，也正是因为主要通商对象已经变成了英国，与宗主国的经济联系变弱了。在这个意义上，也可以说是海运或者蒸汽轮船改变了历史。

12

强制收取手续费的国家如何控制了世界

成为“霸权国家”的决定性因素是什么

有个说法叫“掌握霸权”，其中“霸权”指的是可以支配周围事物的压倒性的地位和力量。

那么，成为“霸权国家”的决定性因素是什么呢？军事力量？工业力量？还是人口和领土？

从经济史的角度来看，答案是“手续费”。

说到“手续费”，人们往往想到的是赚点小钱。其实这种想法大错特错。

提出“霸权国家”这个概念的是美国社会学家伊曼纽·华勒斯坦，他还提出了著名的世界体系理论。按照他的说法，在世界史上只有 17 世纪中期的荷兰、19 世纪末至第一次世界大战前的英国、第二次世界大战至越南战争的美国能称得上“霸权国家”。他对“霸权国家”的定义是：在工业、商业和金融业上完全压倒其他国家的国家。但我认为这个定义有些脱离实际。

我认为更合理的定义应该是：能够决定“在经济活动中什么是正确的”的国家。换句话说，制定经济活动的游戏规则的国家就是“霸权国家”。

这意味着要参与到国际金融和贸易中，就要遵守这个国家的规矩。各种各样的商业信息汇集到这个国家，国际商务中必不可少的贸易结算也在这里进行，巨额的资本也会流向这里。而且，很多时候，这样的国家会收取手续费来维持霸权。所谓的“手续费”就是入场费，要参与到经济活动这个游戏中，就必须向霸权国家支付入场费。

我们以典型的霸权国家英国为例。英国曾是世界上最大的海军国家，在全世界都有殖民地，除此之外，英国还是世界上最大的手续费收入国。

赚不到钱的工业革命

人们通常认为，英国之所以能成为霸权国家，是因为工业革命——工业革命后，英国成了世界工厂，因此才能支配世界。

但事实真的是这样吗？表1展示了英国的资本流向。1710年至1900年，英国很少实现贸易顺差。如果当时的英国像现在的德国或日本一样靠输出工业产品获取利益的话，英国的贸易收入理应大于支出。英国是世界上首个工业国家，但单从贸易收支来看，对外贸易似乎并没有给英国经济带来很大好处。

表中有一点非常引人注目：19世纪下半叶以后，海运业净收入、保险业收入、贸易利润、服务业收入大幅上涨。

19世纪的英国是当时世界上最大的海运国家。而且，不论是船舶和港口等基础设施、金融和保险等服务行业，还是与国际贸易和海上运输相关的法律制度，英国都建立了世界标准。可以说当今的谷歌、亚马逊、微软等都采取了同样的战略，即掌控广义的基础设施（操作系统、平台等），然后建立自己的标准。

在英国发展基础设施的战略中，尤其值得关注的是电信业。英国历史学家丹尼尔·R. 黑德里克把这覆盖世界的

年度	贸易收支	海运业净收入	保险业收入	贸易利润	服务业收入
1710	-0.13	0.50	0.00	0.57	1.07
1720	-1.83	0.70	0.00	0.55	1.25
1730	-2.76	0.90	0.10	0.64	1.64
1740	-2.28	1.20	0.15	0.62	1.97
1750	0.48	1.50	0.23	1.13	2.86
1760	-2.36	1.80	0.29	1.32	3.41
1770	-4.44	2.80	0.29	1.14	4.23
1780	-3.82	3.20	0.26	1.06	4.52
1790	-10.14	4.20	0.45	1.79	6.44
1800	-10.24	5.20	0.73	2.92	8.85
1810	1.60	9.00	2.90	5.70	17.60
1820	-9.60	8.40	2.50	5.10	16.00
1830	-14.30	7.90	2.50	5.00	15.40
1840	-32.90	12.60	3.80	7.60	24.00
1850	-23.20	14.20	4.70	9.30	28.20
1860	-52.40	27.70	9.40	18.80	55.90
1870	-65.50	45.70	13.70	27.40	86.80
1880	-130.00	60.00	15.70	31.40	107.10
1890	-96.80	60.60	16.90	33.70	111.20
1900	-178.60	68.50	17.50	35.10	121.10

表 1　英国的贸易产值和服务业产值（单位：百万英镑）

电信网络称为“看不见的武器”。在当时，电信是以手续费为基础的资本主义的关键。

比人和物流都更快

为什么电信是英国掌握霸权的关键呢？因为国际贸易结算要通过电信进行。

过去，欧洲商人为了向远方的合作伙伴、交易对象、代理人传达正确的信息，每天要花好几个小时写信，写信的时间可能比真正从事商业活动的时间还要长。

有了电信以后，这种情况发生了巨大的转变。19 世纪末，英国和澳大利亚之间传递信息仅需要 1.8 天。也就是说，信息的传递比人和商品的移动（即物流）都快得多。

此外，在电信出现之前，由于没有准确数据，商人只能推测当地的需求和价格情况，然后运送商品。客户订购的商品什么时候能送到也不确定，因此需要大量囤积可长期保存的商品。电信业的发展带来了通信革命，这让商业活动发生了戏剧性的变化。

铺设电信设施需要巨额的费用。而且，蒸汽轮船的制造成本远比帆船高，铁路的建造成本也是马车不能比的，这些都不是某个商人或某个商人联盟能负担得起的。能负担这些费用的只有国家，而最早动用国家力量参与经济竞争的就是英国。

近代早期掌握商业霸权的国家是葡萄牙和荷兰。这些国家的商人形成了贸易网络，通过贸易网络进行交易。这时商业活动的主体本质上还是商人，国家的参与度并不高。而在英国，国家很深入地参与到了商业活动中，这可以说是英国成为霸权国家的决定性因素。

英国为了让自己的蒸汽轮船占领全世界的海域，投入巨额资金建设港口和航线。当时的电信网络也有一大半由英国建设，尤其是海底电缆，这建立了跨越海洋的信息网络。世界上最早的跨国海底电缆是1851年英国的布莱特兄弟铺设的多佛海峡海底电缆。

此外，1895年，意大利人伽利尔摩·马可尼发明了无线电通信装置。但是，意大利政府对此漠不关心，因此他在英国创立了马可尼无线电报公司。1901年，马可尼实现了从英国的康沃尔到加拿大的纽芬兰岛的跨大西洋无线通信。就这样，通过英国的投资，全新的运输和通信网络形成了。

除此之外，电信还彻底改变了国际贸易结算的机制。

在贸易活动中，付款方开出票据，收款方收取票据。在电信业出现以前，开票人将票据送到承兑人手上需要很长的时间，国际贸易中时间更长。比如，从亚洲某个城市开出的票据送到伦敦原本需要几十天，电信普及后，只需要两三天就可以在伦敦结算了。

伦敦成了世界电信网络的中心，这意味着国际贸易结算都要在伦敦进行了。

为什么靠手续费能赚钱

如前面所述，贸易结算中的手续费就像赌博中的抽头钱、游戏中的入场费。为什么靠手续费能赚大钱呢？

一个原因是手续费绝对不会被拖欠。只要想参与“游戏”（即参与交易），就必须支付手续费。投资活动只能在盈利后获得分红，相比之下，手续费的收入要稳定得多。

另一个原因是受竞争的影响小。只要像英国这样垄断了结算方式，就根本不会出现价格竞争。更重要的是，即使其他国家的经济发展起来了，也不会对收取手续费产生影响，相反，这部分收入还会增加。

这与工业很不一样。从 18 世纪末起，英国在很长时间内都是世界上最大的工业国家。但在 1870 年前后，英国的工业产值渐渐被其他国家赶上。到了 20 世纪，“世界工厂”的地位已经被德国和美国抢走了。

众所周知，工业的发展和国民工资水平的提升，会导致制造成本提高，产品价格上涨。这样一来，与其他国家的竞争会越发激烈，利润率也会下降。

但英国的情况不同。其他国家的工业越发达，经济水平越高，就越需要频繁地利用英国的电信、金融和保险（运输商品还需要英国的蒸汽轮船）。竞争对手越强大，英国收取的手续费就越多。

19 世纪还是铁路和海运网络扩展到全世界的时代。为了让运输网络顺利运转，各地需要共享列车和船舶的出发时刻和到达时刻等信息。让信息共享成为可能的就是电信系统。铁路和船舶即使不是由英国制造的，也需要依赖英国的电信系统。对电信系统的技术支持和保养维护也成了英国收取手续费的形式之一。

最后，还有非常重要的一点：掌控结算系统的国家可以制定商业规则。比如，19 世纪末国际社会确定的金本位制，就源于1816年英国的《金本位制度法案》。英国的标准成了世界标准，这就是霸权国家的强势。

世界史中的电信网络

电信网络让英国成了霸权国家。如果将电信网络放在世界史中观察，就会发现一件很有意思的事情。

示意图1展示的是1891年的世界电信网络。这张图是不是很熟悉？事实上，当时的电信网络与国际贸易路线基本重合。

地中海的海底电缆与意大利商人和穆斯林商人的航

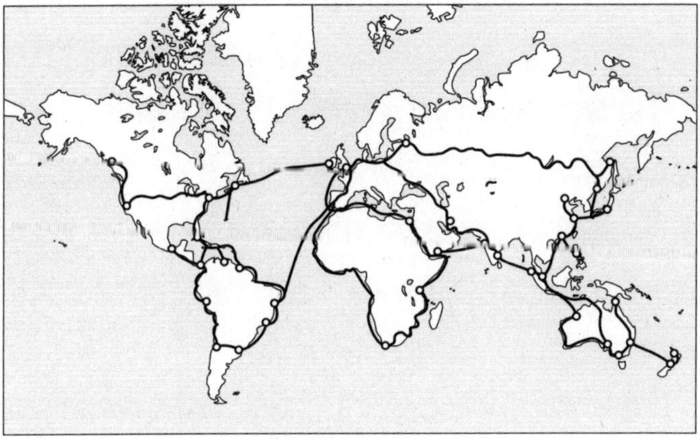

示意图 1　1891 年的世界电信网络

线重合。经苏伊士运河到红海的海底电缆与穆斯林商人和奥斯曼帝国的贸易路线重合，穆斯林商人前往印度的航线上也铺设了海底电缆。而且，这张电信网络还沿着印度商人、印度教教徒、亚美尼亚人和东南亚商人往来的路线延伸。葡萄牙人开拓的绕过好望角前往印度的航线上也是如此。此外，从伊比利亚半岛到南美的海底电缆也沿伊比利亚半岛的商人和塞法迪犹太人的贸易路线铺设。

从爱尔兰到北美的海底电缆沿着先由维京人、后由英国人开拓的航线铺设。据推测，这条路线的北美部分从16世纪起就被北美原住民、法国人等用来进行海狸毛皮交易。北美到加勒比海的海底电缆路线原本也是塞法迪犹太人的商业航线。

从俄国西部到符拉迪沃斯托克的电缆路线原本是亚美尼亚商人、西伯利亚（伊尔库茨克）商人、雅库茨克商人等俄国商人的贸易路线。上海和香港之间也铺设了海底电缆，这条路线曾是中国商人、华侨和东南亚商人的贸易路线。

总而言之，电缆路线与近代国际贸易航线基本重合，这也体现了历史的连续性。

而且，由于文化和宗教的不同，人们之间存在巨大的鸿沟，以前只能像接力赛一样进行交易。近代之后，电信技术的发展填补了这种鸿沟，商人可以直接与交易对象联系了。由于电信业的发展，国际商业习惯趋于统一，交易成本大幅下降，这一方面节省了大量的时间和人力，另一方面也让国际贸易格局从过去不同文化之间的合作变成了以英国为首的欧洲单极支配。

人们常说“罗马不是一天建成的”，英国也不是单凭自身力量成为霸权国家的。正是诸多国家的长期开拓铸就了大英帝国。

无论如何都想告诉你的世界史

[日] 玉木俊明 著

凌文桦 译

图书在版编目(CIP)数据

无论如何都想告诉你的世界史 / (日) 玉木俊明著；凌文桦译. — 北京：北京联合出版公司, 2019.4

ISBN 978-7-5596-3066-7

Ⅰ. ①无… Ⅱ. ①玉… ②凌… Ⅲ. ①世界史—通俗读物 Ⅳ. ① K109

中国版本图书馆 CIP 数据核字（2019）第 055758 号

HITO NI HANASHITAKUNARU SEKAI-SHI

by TAMAKI Toshiaki

选题策划　联合天际
责任编辑　张　萌
特约编辑　节晓宇
美术编辑　冉　冉
封面设计　汐　和

UnRead
思想家

出　　版　北京联合出版公司
北京市西城区德外大街 83 号楼 9 层　100088
发　　行　北京联合天畅文化传播公司
印　　刷　三河市冀华印务有限公司
经　　销　新华书店
字　　数　100 千字
开　　本　787 毫米 × 1092 毫米　1/32　5.5 印张
版　　次　2019 年 4 月第 1 版　2019 年 4 月第 1 次印刷
I S B N　978-7-5596-3066-7
定　　价　49.80 元

关注未读好书

未读 CLUB
会员服务平台

本书若有质量问题，请与本公司图书销售中心联系调换
电话：(010) 5243 5752　(010) 6424 3832